FALK ROSCHER

Vertragsfreiheit als Verfassungsproblem

Schriften zur Rechtstheorie

Heft 34

Vertragsfreiheit als Verfassungsproblem

Dargestellt am Beispiel der Allgemeinen Geschäftsbedingungen

Von

Dr. Falk Roscher

DUNCKER & HUMBLOT / BERLIN

Inhaltsverzeichnis

Vierter Teil

Praktische Folgerungen für den Bereich der AGB

Fünfter Teil

Ergebnisse und Folgerungen

Erster Teil

Einleitung

I. Problemstellung

1. Private Autonomie und damit auch Vertragsfreiheit konnten sich erst entwickeln, nachdem sich Warenverkehr und Güterproduktion von feudalen Bindungen lösten. Zwar gab es schon zuvor Verträge, jedoch wurden die Beziehungen der einzelnen untereinander im wesentlichen nicht durch Rechtsgeschäfte vermittelt, sondern sie wurden durch die geltende Ordnung des Standes oder Verbandes bestimmt, dem der einzelne angehörte. Mit dem zunächst noch von staatlicher Seite verordneten und geförderten Merkantilismus und der damit verbundenen kapitalistischen Produktionsweise werden die gesellschaftlichen Beziehungen in steigendem Umfang auf Tauschverhältnisse gegründet, so daß sich ein umfangreicher Markt bilden kann. Allerdings bleiben diese nunmehr privatisierten Beziehungen zunächst noch reglementiert durch die Eingriffe des staatlichen Machtapparates. Aber sie bildeten das Modell für eine Theorie, in der der Marktverkehr auch von diesen Beschränkungen befreit ist und sich privatautonom vollziehen kann[1]: Die autonome Warenproduktion der Wirtschaftssubjekte, als „subjektiv anarchische", soll durch den freien Wettbewerb am Markt eine Ordnung hervorbringen, die „objektiv harmonisch"[1a] ist. Notwendig zur Herstellung der Ordnung soll absolute Freiheit von staatlichem Zwang, im besonderen Gewerbefreiheit, Eigentumsfreiheit und Vertragsfreiheit sein. Nur wenn diese Voraussetzungen erfüllt würden, könne sich das System zur Wohlfahrt aller regulieren. Machtausübung der Privaten untereinander erscheint ausgeschlossen, weil man sich die ökonomische Macht der Warenbesitzer als gegenseitig neutralisiert vorstellt. Herrschaftsfreiheit, und zwar sowohl von staatlicher Reglementierung als auch privater Macht wird als mit Ordnung sinnvoll verbunden angesehen. Die Kodifikationen des bürgerlichen Rechts von 1794, 1804 und

---

[1] Gemeint sind die gesellschaftlichen und wirtschaftlichen Theorien von *Adam Smith*, Inquiry into the Nature and the Causes of the Wealth of Nations, Basil 1776, von *David Ricardo*, On the Principles of Political Economy, and Taxation, London 1817 und von *Jean Baptiste Say*, Catéchisme d'Economie politique, Paris 1815.

[1a] *Habermas*, Strukturwandel S. 108.

1811[2] legen die dafür notwendigen Garantien des privaten Eigentums, der Erbfreiheit und der Vertragsfreiheit fest.

Die Garantien erweckten jedoch lediglich Hoffnungen auf Herrschaftsfreiheit, die nicht erfüllt wurden. Nicht erst die Industrialisierung verhinderte Autonomie; die Vertragsfreiheit war vielmehr von Beginn an beschränkt auf die kleine Minderheit der Warenbesitzer und Bildungsbürger, wobei sich dieser Personenkreis weithin deckte, da Bildung an Besitz gebunden war. Die Masse des „Volkes" vermochte an der Befreiung nicht teilnehmen. Es wurde bei der Interpretation der Freiheit von einer *allgemeinen,* für *jedermann* gegebenen Freiheit auch gar nicht erst ausgegangen: „Die ... erforderliche Qualität ist, außer der natürlichen (daß es kein Kind, kein Weib sei), die einzige: daß er sein eigener Herr sei, mithin irgendein Eigentum habe (wozu auch jede Kunst, Handwerk, oder schöne Kunst, oder Wissenschaft gezählt werden kann), welches ihn ernährt; d. i. daß er in den Fällen, wo er von anderen erwerben muß, um zu leben, nur durch Veräußerung dessen, was sein ist, erwerbe, nicht durch Bewilligung, die er anderen gibt, von seinen Kräften Gebrauch zu machen, folglich, daß er niemanden als dem gemeinen Wesen im eigentlichen Sinne des Wortes diene[3]."

Die Möglichkeit der Korrektur dieser beschränkten Freiheit dadurch, daß jedermann innerhalb der absolut freien Beziehungen durch Talent, Glück und Fleiß sich schließlich „den Stand eines Mitmenschen" schaffen könne, „der sein eigener Herr ist"[4], wurde noch vor dem Einsetzen der eigentlichen Industrialisierung als Fiktion erkannt. Bereits Hegel entdeckte, daß die bürgerliche Gesellschaft, „die von Natur gesetzte ... Ungleichheit ... nicht nur nicht aufhebt, sondern ... zu einer Ungleichheit der Geschicklichkeit, des Vermögens und selbst der intellektuellen und moralischen Bildung erhebt"[5]. Durch die gesellschaftliche Reproduktion „vermehrt sich die Anhäufung der Reichtümer ... auf der einen Seite, wie auf der anderen Seite die Vereinzelung und Beschränktheit der besonderen Arbeit und damit die Abhängigkeit und Not der an diese Arbeit gebundenen Klasse"[6].

---

[2] In Preußen 1794 das ALR, in Frankreich 1804 der Code Civil und in Österreich 1811 das ABGB.

[3] *Kant,* Über den Gemeinspruch: Das mag in der Theorie richtig sein, taugt aber nichts für die Praxis, 1793 in *Kant,* Werke ed. Wilhelm Weischedel, Wissenschaftliche Buchgesellschaft 1964, Bd. VI, S. 151. *Kant* bezieht dies auf die Freiheit des citoyen, des „Staatsbürgers", aber er bestimmt damit zugleich, wann jemand nur bei seinen Beziehungen, also auch zu seinen Mitmenschen, sich als eigener Herr bezeichnen darf: wenn er Eigentümer ist! In einer Fußnote führt er dann weiter aus, daß nur die Privateigentümer, die untereinander als Warenbesitzer mittels Tausch von Gütern verkehren, ihre eigenen Herren seien.

[4] *Kant* S. 152 und Fußnote S. 151 a. E.

[5] *Hegel,* Rechtsphilosophie § 200.

[6] *Hegel,* Rechtsphilosophie § 243.

2. Statt Herrschaftsfreiheit in einem vollständig, d. h. auch von staatlicher Reglementierung befreiten Tauschverkehr der Privatleute, bildeten sich in den Formen bürgerlicher Vertragsfreiheit neue Gewaltverhältnisse[7]. Vertragsfreiheit wurde von Anfang an als Mittel zur Ausschaltung dieser Freiheit bei den damals wie heute zahlenmäßig überwiegenden wirtschaftlich schwächeren, d. h. nicht durch Eigentum unabhängigen Vertragspartnern benutzt[7a]. Die Beschränkung vor allem der Gestaltungsfreiheit war besonders gravierend in den Beziehungen zwischen den Eigentümern der Produktionsmittel und den Lohnabhängigen.

Die Probleme der Vertragsfreiheit sind heute keine anderen: Die industrielle Entwicklung ist nur soweit fortgeschritten, daß die zu ihrem Beginn noch als Träger des vorgeblich machtfreien Tauschverkehrs fungierenden Kleinwarenproduzenten in die große Masse derer abgerutscht sind, die den Anspruch ihr eigener Herr zu sein bezüglich der Vertragsfreiheit, insbesondere der Vertragsgestaltungsfreiheit nicht erheben können[8]. Aber nicht die nun auch quantitativ immer deutlicher werdende Beschränkung der Autonomie macht den Mißbrauch der

---

[7] *Habermas*, Strukturwandel S. 152; ähnlich *Wieacker*, Das Sozialmodell S. 10: „... die formalen Ideale der bürgerlichen Rechtsordnung (waren) genau auf die Erfordernisse der expansiven, unternehmensfreudigen und kapitalstarken Pioniere der industriellen Revolution zugeschnitten ..., damit (ist) schon gesagt, daß diese Ideale auf Kosten der Klassen durchgesetzt wurden, deren Lebensbedingungen sie nicht entsprachen".

[7a] Überaus deutlich wurde dies von einem Kautelarjuristen zur Rechtfertigung bestimmter AGB formuliert: „In der Tat ist die liberalistische Vorstellung, jede Partei unterliege grundsätzlich bei Abschluß eines Vertrages der Privatautonomie, die Vertragsbedingungen würden also in völliger Abschluß- und Gestaltungsfreiheit ausgehandelt, eine Utopie. Von jeher wurden die Vertragsbedingungen dem wirtschaftlich Schwächeren vom wirtschaftlich Stärkeren diktiert." S. *Ott* NJW 72, 420 (421).

[8] Als ein gewisses Indiz für diese Veränderung kann das Verhältnis der selbständig zu den unselbständig Erwerbstätigen im Bundesgebiet im April 1971 herangezogen werden (Quelle: Stat. Jahrbuch 1972, S. 124, Tabelle 7 b). Die Land- und Forstwirtschaft, Tierhaltung und Fischerei ist bei den folgenden Zahlen nicht berücksichtigt, weil dort die Verhältnisse wegen der großen Zahl der mithelfenden Familienangehörigen, deren Einordnung als selbständig oder unselbständig schwierig ist, unklar sind (Selbständige 761 000, Mithelfende Familienangehörige 1 161 000 und Unselbständige 2 780 000).

Insgesamt:	Unselbständige	Selbständige	Mithelfende Angeh.
	21 515 000	1 902 000	486 000
in Prozent:	90 %	7,95 %	2,05 %

Die Zahlen verändern sich weiter zu Lasten der Selbständigen, wenn man das eigentlich *produzierende Gewerbe*, also die Warenherstellung (Industrie, produzierendes Handwerk, Baugewerbe, Energie- und Wasserversorgung) betrachtet:

	Unselbständige	Selbständige	Mithelfende Angeh.
	12 059 000	647 000	152 000
in Prozent:	93,78 %	5,03 %	1,19 %

Vertragsfreiheit zu einem Fundamentalproblem auch unserer Rechts-ordnung[9]. Im Vordergrund stand vielmehr, daß die Usurpation der Au-tonomie durch wenige die „soziale Integration"[10] verhindert und zu so-zialen Ungerechtigkeiten führt. Dabei ist aber, wie schon der Termi-nus „Integration" anklingen läßt, manchmal weniger eine gerechte son-dern mehr eine befriedete Ordnung das Ziel: Im Sinne Bismarckscher Sozialgesetzgebung geht es primär um den gesellschaftlichen Frieden und erst sekundär um Gerechtigkeit. Auch bei der neuen Untersuchung *Wolfs* klingt ein solches Problemverständnis an, wenn er schreibt: „Wollte man es dabei (daß der Schwächere sich dem einseitigen Diktat des anderen beugen muß, falls er nicht auf den Vertragsabschluß ver-zichtet) bewenden lassen, so wäre der gerechte vertragliche Ausgleich ständig unmöglich oder doch erheblich gefährdet. Eine solche perma-nente Mißachtung der Interessen weiter Bevölkerungskreise würde zu sozialen Störungen führen und kann deshalb von der Rechtsordnung nicht zugelassen werden[11]."

3. Nur um der Befriedung der Gesellschaft willen das Problem der Vertragsfreiheit erneut zu erörtern, erscheint wenig sinnvoll. Eine für den Bestand der Gesellschaft gefährliche Mangellage besteht wegen des relativen Wohlstands nicht, zumal vor allem im Bereich des Arbeits-und des Mietrechts die Lage der Abhängigen durch Gesetzgebung und Rechtsprechung verbessert wurde. Vielmehr gilt es wieder das von An-beginn an bestehende und durch die grundgesetzliche Postulierung von menschlicher Autonomie und nicht nur von Eigentümerfreiheit beding-te Problem in das Zentrum der Erörterungen zu rücken: Wie kann Herr-schaft von Menschen über Menschen, die mit dem Mittel des Vertrages ausgeübt wird, verhindert und Emanzipation durch Vertragsfreiheit ermöglicht werden? Es geht also um Vertragsfreiheit als Mittel, sich im Tauschverkehr befreit von Fremdbestimmung selbstbestimmt ent-falten zu können. Betont wird das emanzipatorische Moment einer al-len Menschen gewährten Vertragsfreiheit gegenüber der Umdeutung zum Ordnungselement einer freiheitlich gedachten Wettbewerbsord-nung.

Für Handel und Verkehr ergeben sich folgende Zahlen:

	3 847 000	646 000	181 000
in Prozent:	82,3 %	13,82 %	3,88 %

Für sonstige Wirtschaftsbereiche (Dienstleistungen, inklusive Gebietskörper-schaften und Sozialversicherung):

	5 609 000	609 000	153 000
in Prozent:	88,04 %	9,56 %	2,4 %

[9] Raiser, Rechtsschutz, in Summum ius summa iniuria, S. 161 nennt das Problem der „Bändigung gesellschaftlicher und wirtschaftlicher Macht" ein „Fundamentalproblem jeder Rechtsordnung".

[10] *Wieacker*, Das Sozialmodell S. 12.

[11] *Wolf*, Entscheidungsfreiheit S. 10.

Ziel dieser Arbeit ist also nicht eine Untersuchung der Möglichkeiten des einzelnen Bürgers, durch Verträge in Beziehung zueinander zu treten. Diese „formale" Vertragsfreiheit, die heute durch eine Vielzahl beispielhaft vorgegebener Vertragsschemata in weit größerem Umfange als z. B. in der ständisch geordneten Gesellschaft besteht und die für das deutsche Recht durch § 305 BGB zumindest im schuldvertraglichen Bereich nahezu unbegrenzt ist, bietet keinen Zugang zu der Frage, ob und wie durch Vertragsfreiheit individuelle Freiheit bei der inhaltlichen Bestimmung der Lebensführung verwirklicht werden kann. Aus den Gestaltungsmöglichkeiten der Bürger läßt sich eben nicht auf die „Herabsetzung des innerhalb einer Rechtsgemeinschaft geübten Maßes von Zwang"[11a] schließen, weil wegen der Besitzverteilung bis heute nicht jedem im gleichen Maße die Gestaltungsmöglichkeiten gegeben sind und statt dessen diese von wenigen zur Erlangung von Macht über andere genutzt werden. Hier geht es deshalb darum, aus verfassungsrechtlicher Sicht einen Beitrag zu leisten zum Abbau von Herrschaft durch Vertragsfreiheit und zur Verwirklichung von Vertragsfreiheit in jenem emanzipatorischen Sinne. Die Grundentscheidungen der Verfassung sollen darauf geprüft werden, in welchem Umfange sie eine Rechtsordnung vorschreiben, die auch praktisch durch die Ausdehnung des vertraglichen Verkehrs eine Zunahme der individuellen Freiheit sichert. Daran anknüpfend sind die möglicherweise notwendigen Veränderungen unserer Rechtsordnung gegenüber heute aufzuzeigen.

Solche Versuche, Vertragsfreiheit auch materiell zu verwirklichen, wurden bisher im wesentlichen von der privatrechtlichen Dogmatik her gemacht, wenn auch unter Berücksichtigung der verfassungsrechtlichen Grundentscheidung[12]. Weil aber das Grundgesetz allgemeine Entfaltungsfreiheit und damit Selbstbestimmung ausdrücklich gewährleistet, bietet sich ein Angehen des Problems von der Verfassung her an. Es genügt eben nicht festzustellen, „daß das Verfassungsrecht einer sach- und problemgerechten Lösung privatrechtlicher Interessenkonflikte nicht im Wege steht"[13]. Bei der Vertragsfreiheit handelt es sich vielmehr um eine wichtige Nahtstelle zwischen Privat- und Verfassungsrecht. Es muß daher geklärt werden, was das Verfassungsrecht selbst zur Lösung beitragen kann.

Geht man von Art. 2[I] [13a] aus, lassen sich Lösungen nur durch Verfassungsauslegung finden, weil das Grundrecht sehr allgemein formu-

---

[11a] M. *Weber*, Rechtssoziologie § 2 a. E., in: Wirtschaft und Gesellschaft, 5. Aufl. S. 440.

[12] Aus der Fülle der Literatur sind vor allem zu nennen *Raiser*, Vertragsfreiheit heute, in JZ 58, 1 ff.; *Schmidt-Salzer*, NJW 71, 5 ff.; *Hans Huber*, Bedeutung; *Wolf*, Entscheidungsfreiheit.

[13] So *Wolf*, Entscheidungsfreiheit S. 22.

[13a] Artikel ohne Angabe sind solche des Grundgesetzes.

liert ist. Eine Interpretation des Grundgesetzes ist deshalb leicht dem Vorwurf ausgesetzt, man versuche „allzu unmittelbar von allgemeinen Grundlagen oder rechtsphilosophischen Thesen her konkreteste Lösungen zu erzielen"[14]. Mehr „spekulative" Verfassungsinterpretation scheint zu drohen, wenn man den sicheren Boden der privatrechtlichen Rechtsgeschäftslehre verläßt[15].

Um diesen Angriffen vorzubeugen, wird im folgenden ein Abriß des methodischen Vorgehens gegeben.

II. Zur Methode

1. Für die notwendige Interpretation bieten sich zunächst die herkömmlichen Auslegungsregeln an, die *Savigny* in seinem „System des heutigen Römischen Rechts" entwickelte, ergänzt durch die sogenannte teleologische Methode. Mit Hilfe der „Elemente" der Auslegung, d. s. die grammatische, die logische, die historische und die systematische Auslegung[16] erweitert um das „telos", die „ratio" der Norm, müßte der Inhalt des Art. 2^I ermittelt werden. Dieses objektive, allein an der Norm orientierte Verfahren der Auslegung geht davon aus, daß der Inhalt der Norm aus dieser selbst mit Hilfe der geschilderten Methoden formulierbar ist.

Gegen die Möglichkeit einer solchen Verfassungsinterpretation sprechen verschiedene Gründe.

a) Das Bestehen mehrerer Auslegungselemente nebeneinander hat einen Methodenpluralismus zur Folge. Dies führt zu der Frage, welches der verschiedenen Elemente entscheidend ist, also ob z. B. die historische oder systematische Auslegung vorzuziehen ist, wenn beide Methoden zu verschiedenen Ergebnissen führen. Auch bleibt offen, welche der einzelnen Methoden als erste angewandt werden muß[17].

b) Auch mit einem Katalog der Interpretationsstufen, aufgestellt in der Annahme, daß es nur auf die richtigen Denkschritte in der richtigen Reihenfolge ankomme, ist die Konkretisierung der Verfassung nicht überzeugend zu erreichen. Einmal verlagert sich die Problematik auch hier auf die Frage, in welcher Reihenfolge die Methoden anzuwenden sind. Zum anderen bleibt immer offen, warum man auf einer bestimm-

---

[14] *Müller*, Normstruktur S. 184.

[15] Dazu dezidiert *Wolf*, Entscheidungsfreiheit S. 23 und *Flume*, LB S. 20 f.

[16] *Savigny*, System S. 213 f.

[17] Beispiele aus der Rechtsprechung des BVerfG für „eine scheinbar willkürliche Bevorzugung je einzelner „Methoden" oder auch einer nicht näher begründeten Methoden-„Kombination"" (*Esser*, Vorverständnis S. 125) bei *Hesse*, Grundzüge S. 24 mit den Anmerkungen 10 - 20.

ten Stufe der Interpretation diese abbricht und das gefundene Ergebnis für richtig hält[18].

c) Überhaupt verdeckt der Versuch, den (subjektiven oder objektiven) Willen des Gesetzgebers zu ermitteln die Problematik der Verfassungsinterpretation. Gerade die Fälle der notwendigen Interpretation weisen auf das Fehlen einer genauen Entscheidung des Verfassungsgebers oder der Verfassung hin. Stellt man sie dennoch fest, so ist es ein vermuteter oder fiktiver Wille, also ein vom Willen des Interpreten abhängiger und damit nicht aus der Verfassung hergeleiteter[19].

d) Konkret für die hier vorzunehmende Konkretisierung des Art. 2^I ist jene „klassische" Interpretationsmethode in der üblichen Form wertlos, weil Art. 2^I zu allgemein gefaßt und in seiner Entstehungsgeschichte unergiebig ist.

Weil die einfachen Interpretationsmittel nicht ausreichen, könnte man für die Entfaltungsfreiheit im wirtschaftlichen Bereich zu dem gleichen Vorschlag kommen, den Forsthoff für die Sozialstaatsklausel gemacht hat: Solche, mit herkömmlicher Auslegung nicht faßbaren Normen der Verfassung wären als verfassungsrechtlich unbeachtlich anzusehen[20]. Die Anwendung herrschender Verfassungsinterpretationslehre führte so zur Bedeutungslosigkeit der Verfassung für das Privatrecht und die Vertragsfreiheit[21].

2. Gegenüber der klassischen juristischen Methode haben in neuerer Zeit vor allem *Kriele*[22], *Hesse*[23] und *Esser*[24], aufbauend auf den hermeneutischen Untersuchungen *Gadamers*[25] sich bemüht, aus der Praxis der Rechtsprechung ein „kritisches Methodenbewußtsein"[26] zu entwickeln. Die von der juristischen Methode intendierte Objektivität der Interpretation, wird als das positivistische Vorurteil dargestellt, daß der Inhalt einer Norm „von einem außerhalb des geschichtlichen Seins liegenden, gleichsam archimedischen Punkt aus"[27] zu erfassen sei. Statt dessen

---

[18] Siehe hierzu im einzelnen *Kriele*, Theorie S. 85 ff.

[19] Dazu *Hesse*, Grundzüge S. 23.

[20] *Forsthoff* VVDStRL 12, 8 ff.

[21] Wie *Kriele* (bezogen auf das Sozialstaatsprinzip) feststellt, läuft dies im Effekt darauf hinaus, „daß der jeweilige status quo der Machtverteilung erhalten bleibt", *Kriele*, Theorie S. 95.

[22] *Kriele*, Theorie der Rechtsgewinnung entwickelt am Problem der Verfassungsinterpretation 1967.

[23] *Hesse*, Grundzüge des Verfassungsrechts der Bundesrepublik Deutschland jetzt 6. Auflage 1973.

[24] *Esser*, Vorverständnis und Methodenwahl in der Rechtsfindung, 2. Aufl. 1972.

[25] *Gadamer*, Wahrheit und Methode, 2. Aufl. 1965.

[26] *Esser*, Vorverständnis S. 8.

[27] *Hesse*, Grundzüge S. 26.

wird der bei jeder Interpretation vor der Anwendung der Methode liegende unvermeidliche Durchgriff auf Wertungen und die Abhängigkeit
dieser Wertungen vom Vorverständnis des Interpreten als wesentliches
Problem jeder Interpretation herausgearbeitet. Die Erfahrungen des
hermeneutischen Verstehens nutzend, wird die Wertungsproblematik
der rationalen Kontrolle zugeführt, die sie heute weder in der Theorie
noch in der Praxis hat.

Auf der Basis dieser Erkenntnis soll hier eine Konkretisierung des
Art. 2^I versucht werden, um die Probleme der Vertragsfreiheit zu lösen. Die einzelnen Schritte werden kurz erläutert:

a) Am Anfang des Prozesses der Rechtsanwendung also auch der
Verfassungsanwendung steht die Lebenswirklichkeit, die in irgendeiner Form rechtlich geordnet werden muß. Dabei ist die Entdeckung
der Regelungsbedürftigkeit bestimmt vom Vorverständnis des Rechts-
anwenders bzw. des Rechtsuchenden, der um rechtliche Ordnung bittet.
Ohne dieses „Vorurteil" über die Lebenspraxis könnte der Prozeß der
Rechtsanwendung gar nicht beginnen. Nach dieser Bewertung des Sachverhalts als rechtserheblich müssen zunächst die einschlägigen Normen,
die für die aufgeworfenen Fragen eine Lösung angeben, gefunden und
verstanden werden. Auch bei dieser Suche wird ein Vorverständnis
wirksam: Der Rechtsanwender muß aus seiner Lebens- und Rechtspraxis einen Vorentwurf möglicher Lösungen entwickeln, um die Normen
befragen zu können. Erst aufgrund solcher „Normhypothesen" weiß der
Jurist „in welchen Gesetzen er blättern und in welcher Gegend der
Gesetze er suchen soll"[28].

„Die entscheidenden Faktoren (bei der Rechtsfindung) liegen (also) in
zwei (dem syllogistischen) Schluß vorangehenden Urteilen, nämlich
über das Ob und Wie der Regelungsbedürftigkeit des zu entscheidenden
Konflikts und über das „Passen" einer Norm, d. h. über deren optimale
Eignung, dem erkannten Bedürfnis gerecht zu werden"[29]. Diese Urteile
sind nur möglich, wenn der Rechtsanwender aus seinem „Horizont"[30]
der Lebenspraxis ein „Problem-Vorverständnis"[31] entwickelt, um über
die Ordnungsbedürftigkeit des Sachverhalts und die Lösungsmöglichkeiten der Norm etwas aussagen zu können.

Diese Analyse gilt für die Praxis der Rechtsanwendung, also im wesentlichen für die Rechtsprechung. Der theoretische Versuch der Deutung einer Norm scheint dagegen auf dem Wege klassischer Methoden
möglich, weil er keinen konkreten Konflikt lösen muß. Mit diesem Ar-

---

[28] *Kriele*, Theorie S. 163.
[29] *Esser*, Vorverständnis S. 31.
[30] *Gadamer*.
[31] *Esser*, Vorverständnis.

gument verkennt man aber, daß das Recht dazu dienen soll, gerechte Regelung der Lebenswirklichkeit zu treffen, d. h. daß es konkrete Hanlungsanweisungen für Konflikte gibt. Damit wird jedes Verstehen des Rechts nicht unter dem Gesichtspunkt objektiver Bedeutung interessant, sondern nur für die „lebenspraktische Umsetzung"[32], d. h. für die konkrete Anwendung. Daraus folgt, daß für die juristische Hermeneutik „die Spannung konstitutiv (ist), die zwischen dem gesetzten Text — des Gesetzes ... — auf der einen Seite und auf der anderen Seite dem Sinn besteht, den seine Anwendung im konkreten Augenblick der Auslegung (z. B. im Urteil) erlangt"[33]. Auslegung von Recht erfüllt sich also grundsätzlich erst in der Anwendung. „„Verstehen" und damit Konkretisierung ist nur im Blick auf ein konkretes Problem möglich"[34]. Dies bedeutet, daß Interpretation nicht nur in der Praxis der Rechtsanwendung sondern auch im wissenschaftlichen Versuch einer Deutung von den konkreten Konfliktsituationen abhängig ist.

b) Verfassungsinterpretation wird daher hier an einen konkreten Problembereich der Vertragsfreiheit angeknüpft. Gewählt werden die Verträge, denen AGB zugrundeliegen. Die Auswahl rechtfertigt sich einmal dadurch, daß die Probleme bereits durch die Privatrechtsdogmatik häufig untersucht wurden, ohne daß eine allgemein befriedigende Lösung gefunden wurde. Zum anderen wird damit, wenn man Vertragsfreiheit herkömmlich in ihre zahlreichen Erscheinungsformen unterteilt, die bei weitem wichtigste Form, die Gestaltungsfreiheit, als Beispiel herangezogen[35].

Weil Interpretation, d. h. „Verstehen" und Konkretisierung einer Norm, nur möglich ist im Blick auf ein konkretes Problem, wird ein

---

[32] *Habermas*, Zur Logik S. 275.
[33] *Gadamer*, Wahrheit S. 292.
[34] *Hesse*, Grundzüge S. 26.
[35] Es ist aber zu beachten, daß die Gestaltungsfreiheit nur als konkreter Anhaltspunkt gewählt wird, um die Probleme zu verdeutlichen. Insoweit hat „die übliche und rechtsdogmatisch zweckmäßige Unterscheidung der verschiedenen Arten der Vertragsfreiheit" (*Raiser*, Festschrift DJT S. 127) in Abschlußfreiheit, Partnerwahlfreiheit, Inhaltsfreiheit, Formfreiheit, Aufhebungsfreiheit (zu den einzelnen Begriffen vgl. *Max Fischer*, Der Begriff der Vertragsfreiheit S. 34 ff.) keine entscheidende Bedeutung. Bei der hier untersuchten Frage des Verhältnisses der Vertragsfreiheit zur Verfassung geht es um ein grundsätzliches Problem, das von dieser Unterscheidung unabhängig ist. Dagegen ist sie möglicherweise bei der Frage nach den tatsächlichen Auswirkungen der Verfassung auf die Vertragsfreiheit von Bedeutung. So kann, wenn man gröber in Abschluß- und Inhaltsfreiheit unterscheidet, in einer funktionierenden Wettbewerbswirtschaft durchaus die vorhandene Abschlußfreiheit der Verfassung bereits entsprechen, während die Inhaltsfreiheit z. T. unzulässig behindert ist. Insoweit bedeutet das Ausgehen von der Gestaltungsfreiheit eine tatsächliche Beschränkung des Umfangs der Untersuchung auf einen auch für die anderen Ausprägungen — zumindest für das methodische Vorgehen — exemplarischen Bereich.

Vorverständnis des Interpreten sowohl bei der Beurteilung der Ordnungsbedürftigkeit als auch der Lösungsmöglichkeiten wirksam, welches einer rationalen Kontrolle zugeführt werden muß. Im zweiten Teil werden deshalb zunächst das herrschende Vorverständnis zum Problem der Vertragsfreiheit im Bereich der AGB, seine Kritik und das eigene Vorverständnis dargestellt. Dadurch kann kontrolliert werden, ob „Erwartungshorizonte" die Interpretation bestimmen, die nach der Gesamtrechtsordnung legitim sind.

Der Dritte Teil ist der eigentlichen Verfassungsinterpretation vorbehalten. Auch hier ist im 1. Abschnitt zunächst das Verfassungsverständnis aufzuzeigen, welches der Verfassungsinterpretation zugrunde gelegt wird. Der 2. Abschnitt befaßt sich mit der Frage, ob das Grundgesetz überhaupt Vertragsfreiheit als Grundrecht gewährleistet. Dabei ergibt sich die Auswahl des Art. 2^I als einschlägige Norm aus dem Vorverständnis des Verfassers vom Problem der Vertragsfreiheit: Wie kann bei den zwischenmenschlichen Tauschbeziehungen Fremdbestimmung verhindert und Emanzipation erreicht werden? Im 3. Abschnitt schließlich wird versucht, anhand verfassungsrechtlicher und außerverfassungsrechtlicher Gesichtspunkte das Grundrecht des Art. 2^I für den Bereich der Vertragsfreiheit zu konkretisieren.

Der Vierte Teil enthält die Anwendung der interpretierten Verfassungsnorm auf die ausgewählte Konfliktlage. Er steht nicht unabhängig neben dem Dritten Teil, sondern entsprechend dem dargestellten methodischen Vorgehen ist er Teil der Verfassungsinterpretation, denn in ihrer Anwendung gewinnen die Normen ihre endgültige Gestalt.

Im Schlußteil wird versucht, die Ergebnisse, die anhand eines bestimmten Konfliktfalles gefunden wurden, für die anderen Problembereiche der Vertragsfreiheit zu verallgemeinern.

Z w e i t e r T e i l

Das Vorverständnis zum Problem
der Vertragsfreiheit im Bereich der AGB

1. Abschnitt

Das Vorverständnis in Wissenschaft
und Rechtsprechung

I. Das Problem der einseitigen Aufstellung

1. Die rechtliche Zulässigkeit der AGB wird heute unabhängig vom Streit über ihre Einordnung in die juristische Dogmatik grundsätzlich nicht mehr in Zweifel gezogen. Die nurmehr in der Literatur diskutierte Frage nach ihrer Vereinbarkeit mit der Vertragsfreiheit endet regelmäßig mit der Feststellung, daß AGB aus unserem Wirtschaftsleben nicht mehr wegzudenken sind[1]. Dabei werden wirtschaftliche Vorzüge (Rationalisierungseffekt, Kalkulationsvereinfachung, Kostenersparnis[2]), die wirtschaftliche und technische Entwicklung zur Massenproduktion und die Schwerfälligkeit gesetzlicher Regelungen als Gründe für ihre Notwendigkeit angeführt.

Bezogen auf die Vertragsfreiheit wird jedoch als rechtlich noch nicht befriedigend gelöstes Problem die einseitige Gestaltung der AGB nur durch einen Vertragspartner empfunden[3]. Dies hat seinen Grund in

---

[1] *Krause*, BB 55, 265 ff.; *Hildebrand*, JR 55, 325; *Nastelski*, DRiZ 55, 212 („sind deshalb aus dem wirtschaftlichen Leben nicht wegzudenken", S. 213); *v. Brunn*, Die formularmäßigen Vertragsbedingungen der deutschen Wirtschaft, 2. Aufl. 1956, S. 25. *Robert Fischer* BB 57, 481; *Meeske*, BB 59, 857 ff.; *Lukes*, Gedanken zur Begrenzung des Inhalts der AGB, Festschrift für *A. Hueck* 1959, S. 459 ff. (die AGB sind „als Folge der wirtschaftlichen Entwicklung verständlich und in Anbetracht der damit verbundenen Rationalisierung des rechtsgeschäftlichen Verkehrs auch billigenswert" (S. 460)); *Wilhelm Weber*, bei Staudinger Einleitung zu Bd. II (vor § 241), N 12; ders. N,W 68, 1 ff. („Sie (die AGB) müssen als zwangsläufige Gegebenheiten hingenommen werden" (S. 8)) und ders. DB 70, 2355; *Schmidt-Salzer* I, S. 41. Zweifelnd jetzt *Huhn*, Allgemeine Geschäftsbedingungen S. 186 ff. (190).

[2] Zu diesen Argumenten aus wirtschaftswissenschaftlicher Sicht siehe die Arbeit von *Kliege*, Rechtsprobleme der AGB in wirtschaftswissenschaftlicher Analyse, 1966; ferner *Wilhelm Weber*, DB 1971, 180 ff. und Emmerich JuS 72, 362.

[3] So z. B. die in Fn. 1 zitierten Autoren. Ferner vor allem *Raiser*, AGB.

dem Nachwirken der klassisch-liberalen Vorstellung, nur der Ausgleich der Einzelegoismen führe zu einer gerechten Ordnung, denn gerade bei den AGB fehlt es ja an den Grundvoraussetzungen für einen solchen Ausgleich, weil ein Vertragspartner seine Vorstellungen verwirklichen kann, ohne daß der andere die Möglichkeit hat, auf sie einzuwirken. Der Zusammenhang zwischen Einseitigkeit und Ungerechtigkeit der Geschäftsbedingungen tritt in den Vordergrund, d. h. Ordnungsbedürftigkeit wird angenommen, weil mit der einseitigen Aufstellung der AGB die Gefahr rücksichtsloser und gegen Gerechtigkeitsvorstellungen verstoßender Interessenwahrnehmung verbunden ist. Die Beschränkung des Willens und der Selbstbestimmung desjenigen, der die AGB akzeptieren muß, wird angedeutet[4], bleibt aber immer nur Randproblem.

2. Bei dem Problem der Einseitigkeit wurde jedoch von der Rechtsprechung des Reichsgerichts differenziert. Das RG wollte zunächst die Einseitigkeit nicht zum Ausgangspunkt rechtlicher Erwägungen machen und hielt an der Fiktion fest, daß die AGB in beiderseitiger Vertragsfreiheit vereinbart würden[5]. Später sah es dann Anlaß für ein Eingreifen, allerdings nur unter einem bestimmten Gesichtspunkt. Immer dann wenn der Aufsteller eine Monopolstellung innehatte, sollten die einseitig aufgestellten AGB rechtlich erfaßt werden[6]. Dabei blieb der Begriff des Monopols allerdings unklar[7] und damit in dem Sinne instrumentierbar, daß man bei offener Ungerechtigkeit der AGB, also bei grober Unbilligkeit, auch eine Monopolstellung annehmen konnte, um zur Korrektur zu gelangen[8]. Zwangslagen und wirtschaftliche Macht in der Form von Monopolen werden damit als Ursachen für die Regelungsnotwendigkeit bei einseitig aufgestellten AGB berücksichtigt. Rechtliche Ordnungsbedürftigkeit wird verneint, wenn trotz Einseitigkeit ein Zwang zum Vertragsschluß nicht besteht, wie bei Auskunfteien[9] oder wenn die Einseitigkeit ausgeschlossen ist durch Aushandeln von AGB auf kollektiver Ebene durch Vertreter beider Vertragsparteien[10].

---

[4] z. B. *Weber*, Wilhelm, NJW 68, S. 8.

[5] RGZ 11, 100 (103 - 106, 110). Hier waren mittels einer Konnossementklausel die Gefahren der Schiffahrt vom Reeder auf den Auftraggeber abgewälzt worden. Obwohl das Reichsgericht dies als „wenig billig und gerecht" empfand, meint es mangels einer gesetzlichen Einschränkung der Vertragsfreiheit (110) nicht eingreifen zu können.

[6] Hierzu vgl. die ausführliche Darstellung der Rechtsprechung des RG bei *Raiser*, AGB S. 303 ff.

[7] Vgl. die verschiedenen Definitionen eines Monopols in RGZ 20, 117; 99, 109, 110; 115, 218 (219/220).

[8] So auch die Vermutung von *Hart*, KJ 71, 269 (274).

[9] RGZ 115, 122 (127/128).

[10] RGZ 135, 174 (176/177).

Der BGH ist dieser Rechtsprechung nicht in vollem Umfang gefolgt. Die Frage nach dem Monopol wird bei den Entscheidungen zu AGB nicht mehr gestellt, vielmehr wird die Notwendigkeit rechtlicher Kontrolle allein wegen der Einseitigkeit der Aufstellung angenommen[11]. Dennoch kann davon ausgegangen werden, daß auch zumindest implizit für die Rechtsprechung des BGH ebenso wie für die Literatur[12] explizit der Machtaspekt entscheidend ist. Die Kontrolle wird nur deshalb nicht mehr vom Machtaspekt abhängig gemacht, weil nicht nur bei größerer Marktmacht des AGB-Aufstellers die Einseitigkeit zur Ungerechtigkeit führen kann, sondern das „Unterworfensein" bereits allgemein hingenommen wird. Schon mit dem Aufstellen von AGB wird in der Regel eine Machtposition begründet[13].

Das herrschende Vorverständnis zum Problem der AGB läßt sich wie folgt zusammenfassen: Ausgegangen wird von einer Wirtschaftspraxis, die im Laufe der letzten Jahrzehnte nahezu alle Bereiche des vertraglichen Verkehrs der Regelung durch AGB unterwarf, wobei ihre Zulässigkeit nicht mehr Diskussionsgegenstand ist. Als Problem der AGB wird ihre einseitige Aufstellung empfunden, weil Einseitigkeit verbunden mit wirtschaftlicher Macht auf seiten des Aufstellers zu ungerech-

---

[11] Siehe hierzu besonders BGHZ 33, 216, 218, wo der Monopolgedanke als unwesentlich zurückgewiesen wird. Die Betonung der Einseitigkeit als entscheidend findet sich in BGHZ 51, 55: „Die Tatsache, daß die AGB einseitig aufgestellt sind, spielt auch für den Bereich der Rechtswirksamkeit der einzelnen Klauseln eine entscheidende Rolle".

[12] „Bei genauerem Zusehen weisen ... alle ... Bedenken letztlich doch nur auf verschiedene Seiten desselben Phänomens, nämlich des Problems der privaten wirtschaftlichen Macht hin ..." *Emmerich*, JuS 72, 362. Aus der neueren Literatur sind weiter zu nennen *Weber*, Wilhelm, DB 70, 2355 ff.; *Däubler*, JuS 71, 400; *Löwe*, BB 72, 185; *Lindacher*, BB 72, 296. Den Machtaspekt halten demgegenüber nicht für so wesentlich *Schmidt-Salzer* und *Kliege*. Diese Autoren betonen mehr die „Überforderung des Kunden durch die AGB in seiner rechtsgeschäftlichen Verantwortungsfähigkeit" (*Schmidt-Salzer* II, Rdn. 8 u. 9) bzw. halten den „Verheimlichungseffekt" für entscheidend (*Kliege*, (Fn. 2) S. 23). Dieser Auffassung ist entgegenzuhalten, daß sich auch diese Problematik auf den Machtaspekt zurückführen läßt: Was in den AGB steht, ist für den Kunden beim Vertragsschluß völlig uninteressant, da eine Mitgestaltung dadurch ausgeschlossen ist, daß sich „derjenige, der die Geltung der AGB verlangt, auf eine Diskussion über den Inhalt dieser Bedingungen nicht einlassen" wird (*Flume* LB S. 668). Umfang, Kompliziertheit oder verheimlichende Klauseln könnten eben nur Bedeutung gewinnen, wenn der Kunde an sich eine reelle Chance hätte, seine Vorstellungen vom Vertragsinhalt auch in diesen Bestimmungen zu verwirklichen. Diese Chance fehlt ihm aber gerade aufgrund des Machtgefälles zwischen ihm und dem Aufsteller der AGB. Wäre dem nicht so, entstünde daß von manchen Autoren betonte Problem der Kompliziertheit von AGB einfach deshalb nicht, weil der Kunde einen Vertragsschluß unter diesen von ihm nicht zu durchschauenden Bedingungen ablehnt. Genau das kann er aber wegen der Machtverhältnisse nicht (ähnlich *Emmerich*, JuS 72, 361).

[13] So *Brandner*, Allg. Geschäftsbedingungen, in „Gerechtigkeit" S. 47; ferner *Naendrup*, Teilnichtigkeit S. 62.

2*

ter, d. h. mit der Gesamtrechtsordnung unvereinbarer Interessenwahrnehmung führen kann.

II. Die rechtliche Lösung des Problems

Dieses Vorverständnis prägt die Bemühungen um die rechtlichen Lösungen, die im folgenden dargestellt werden. Im Anschluß daran ist eine Kritik des Vorverständnisses möglich, weil sich dessen Problematik z. T. erst an den von ihm bestimmten rechtlichen Lösungen aufzeigen läßt.

1. Die grundsätzliche Zulässigkeit der AGB hat zunächst eine Selektion zur Folge. Alle rechtlichen Lösungen, die zu einer Unzulässigkeit der wirtschaftlichen Praxis führen könnten, scheiden als falsch aus. Deutlich wird diese Auswahlwirkung z. B. bei *Schmidt-Salzer*. Er stellt die „faszinierende Formel"[14] dar, nach welcher nur Verträge von der Rechtsordnung anerkannt werden können, „die von den Parteien auf der Basis der Gleichberechtigung frei ausgehandelt und abgeschlossen werden"[15], um dann diesen rechtstheoretischen Ansatz entscheidend mit folgendem Argument abzulehnen: „Vor allem aber hätte dies zur Konsequenz, daß dann bereits die Verwendung von AGB an sich unzulässig sein müßte ... Praktisch müßte dies daran scheitern, daß die Verwendung von AGB ein aus dem Wirtschaftsablauf und der Vertragspraxis nicht mehr wegzudenkendes Element ist"[16]. Eine rechtliche Lösung wird durch das Bestehende ausgeschlossen.

2. Damit sind die weiteren rechtlichen Erörterungen zum Problem der Einseitigkeit gleichsam „vorprogrammiert". Es kann sich nur noch darum handeln diese Einseitigkeit gegenüber der herkömmlichen Vertragslehre, die eine Verbindlichkeit nur bei einem gleichberechtigten Aushandeln der Bedingungen annimmt, zu legitimieren und die als eigentliches Problem empfundene Gefahr der Ungerechtigkeit der Bedingungen zu entschärfen. Die Frage danach, ob die Beschränkungen der Vertragsfreiheit und damit der Selbstbestimmung desjenigen, der die AGB akzeptieren muß, als rechtlich, insbesondere verfassungsrechtlich zulässig begründet werden können, stellt sich vom Vorverständnis her nicht. Nicht dies wird als Problem angesehen, vielmehr geht es allein um die Richtigkeit der einseitigen Regelung.

a) Zur Rechtfertigung sind zahlreiche Theorien entwickelt worden, die zunächst in Norm- und Vertragstheorien einzuteilen sind. Von *Her-*

---

14 *Schmidt-Salzer*, I S. 40.
15 Ders. S. 41.
16 Ders. S. 41.

schel[17] und *Eilles*[18] wurde vertreten, daß AGB Normcharakter haben, d. h. als echte Rechtsnormen, gesetzt durch die Unternehmer, zu verstehen sind. In Literatur und Rechtsprechung wurde dieser Theorie zum Teil nach 1945 bis zum Beginn der fünfziger Jahre gefolgt[19]. Sie wird in der reinen Form nicht mehr vertreten, weil unüberwindbare Schwierigkeiten bestehen, sie mit dem Verfassungsrecht in Einklang zu bringen. Dieses gibt dem Staat ein Rechtsetzungsmonopol — sieht man einmal von der Zwischenform des Tarifvertrages ab —, welches durch keine Delegationsnorm zugunsten der Aufstellung von AGB durchbrochen ist.

Statt dessen stehen heute die Literatur und Rechtsprechung auf dem Standpunkt der Vertragstheorie, wobei sich die Vielzahl der scheinbar stark variierenden Ansätze in zwei Gruppen einteilen läßt[20]. Die eine Gruppe ist stärker dem Vertragsmodell verhaftet und knüpft die Wirksamkeit der AGB an eine irgendwie geartete vertragliche Vereinbarung[21]. Die andere Gruppe steht der Normtheorie näher und wertet den Aufstellungsakt bereits als rechtlich verbindlich[22]. Hierher gehört wohl auch die Auffassung Flumes, daß „für bestimmte Geschäfte und für den bestimmten Kreis von Geschäftspartnern die Geltung von allgemeinen Geschäftsbedingungen von Rechts wegen anerkannt ist"[23].

Beide Gruppen kommen jedoch in einem Punkt zu gleichen Ergebnissen: Die Gültigkeit der AGB für die Vertragsbeziehungen wird immer von einer subjektiven Verbindung zwischen dem Kunden und den AGB abhängig gemacht, sei es, daß sie der Kunde zur Kenntnis genommen haben soll, sei es, daß er zumindest ihr Vorhandensein hätte erkennen müssen. Auf eine vollständige Aufnahme der Klauseln in den Willen durch Aushandeln wird dagegen verzichtet. Im Falle der Kenntnisnahme besteht ein nur mehr akademischer Streit um ihre Bezeichnung als „Verweisung"[23a], „Bezugnahme"[24] oder „Unterwerfung"[25], wobei der Terminus „Unterwerfung" den Sachverhalt wohl am tref-

---

[17] *Herschel,* Wilhelm in einer Anmerkung in DR 41, 54 und 1727 sowie DR 42, 753 ff.

[18] *Eilles,* ZZP 62 (1941), 1 ff.

[19] Vgl. die Nachweise von Wilhelm *Weber* bei Staudinger, Einleitung zu Bd. II (vor § 241) N 184, 186, 187.

[20] Ähnlich unterteilt *Knieper,* ZRP 71, 60 ff.

[21] In diese Gruppe gehört im wesentlichen die herrschende Meinung. S. im einzelnen die Nachweise bei *Knieper,* ZRP 71, 61 Fn. 21.

[22] z. B. *Lukes,* JuS 61, 301 (303); *Naendrup,* Teilnichtigkeit S. 106, 113; *Diederichsen,* ZHR Bd. 132 (1969), 247.

[23] *Flume,* LB S. 670.

[23a] *Raiser,* AGB S. 151 ff.; *Flume,* LB S. 668 f.; *Schmidt-Salzer,* II S. 19.

[24] *Enneccerus - Nipperdey,* § 163, IV, 2, a. E., *Fikentscher,* LB § 26, V, 5 b.

[25] *Helm,* JuS 65, 124; *Naendrup,* Teilnichtigkeit S. 69.

fendsten umschreibt. Größere dogmatische Schwierigkeiten bestehen bei der Rechtfertigung der „Wissen-müssen-Formel"[26], die sich von den herkömmlichen Vorstellungen einer Willenserklärung weit entfernt. Eine Vielzahl von Theorien wurde entwickelt, die sich jede für sich zwar nicht durchsetzen konnten[27]; ihr Ergebnis jedoch, daß Kennenmüssen der AGB für ihre Verbindlichkeit ausreicht, ist allgemein anerkannt.

b) Diese rechtliche Legitimation schließt die bereits im Vorverständnis zurückgedrängte Frage nach der beschränkten Privatautonomie desjenigen, der die AGB hinnehmen muß, endgültig aus. Statt dessen wenden sich Literatur und Rechtsprechung der als Zentralproblem empfundenen Gefahr ungerechter AGB durch einseitige Aufstellung zu. Wegen der Einseitigkeit erscheint eine gerechte Regelung nicht gesichert, so daß Richtigkeit durch Auslegung und inhaltliche Schranken der AGB gewährleistet werden muß. Hier liegt der Schwerpunkt juristischer Erörterungen, wobei zwar die Art der Auslegung[28] und die positivrechtlichen Grundlagen der Inhaltskontrolle[29] sowie ihre dogmatische Rechtfertigung[30] strittig sind; grundsätzliche Einigkeit besteht aber

---

[26] *Schmidt-Salzer*, II S. 19 (Rn. 24).

[27] Zu nennen sind hier folgende Theorien: Verweisung aufgrund Verkehrssitte und Handelsbrauch: *Raiser*, AGB S. 199; schuldhafte Verletzung einer Obliegenheit zum Widerspruch: *Krause*, BB 55, 267; *Hanau* AcP 165, 236; Analogie zur c. i. c.: *Meeske* BB 59, 857, 863; *Staudinger - Coing*, Vorbem. 24 k vor § 145; faktischer Vertrag: *Soergel - Lange*, Anm. 93 vor § 145. Nachweise aus der Rechtsprechung zur „Wissen-müssen-Formel" finden sich bei *Schmidt-Salzer*, II S. 19 Fn. 1.

[28] Die h. M. in Literatur und Rechtsprechung vertritt die Auffassung, daß AGB objektiv, d. h. ohne Berücksichtigung des Willens und der Absicht der Einzelvertragsparteien, auszulegen sind. Aus der Rechtsprechung sind zu nennen RGZ 155, 28; 170, 240; 171, 47 ff.; BGHZ 7, 368; 17, 3; 22, 113; 26, 188; 33, 218; 47, 316 und öfter. Aus der Literatur vor allem Raiser, AGB S. 252 ff. u. ö. ferner die LB des Schuldrechts *Esser*, I § 13, II, 2; *Fikentscher* § 26, V, 5 d; *Larenz*, I § 6, II; weitere Nachweise s. bei *Schmidt-Salzer*, II S. 78, Fn. 2.
Gegen die objektive Auslegung werden in letzter Zeit verstärkt Bedenken vorgetragen, weil durch sie allein die Interessen und der bereits im voraus erklärte Wille einer Partei, nämlich des Aufstellers, berücksichtigt und so seine Stellung weiter verstärkt werde: *Emmerich* JuS 72, 366. Daher wird eine subjektive Interpretation verlangt, die stärker die Situation der jeweiligen Einzelabschlüsse berücksichtigt: neben *Emmerich* sind zu nennen *Brandner*, AcP 162, 237 ff. (253); *Schmidt-Salzer*, II S. 79, der die subjektive Komponente als nachträgliche Korrektur der objektiven Auslegung versteht; Manfred *Wolf*, Entscheidungsfreiheit S. 42 f.

[29] Die Rechtsprechung des RG ging zunächst von § 138 aus. Heute wird § 242 einerseits (z. B. *Raiser*, Karlsruher Forum 1965, S. 6 f.) und § 315 andererseits herangezogen (z. B. *Larenz*, I § 6, III (S. 70)). Vgl. im einzelnen die Darstellung bei *Grunsky*, JurA 69, 87 (93 ff.).

[30] Begrenzung der Vertragsfreiheit und Institutionenmißbrauch: *Raiser*, AGB S. 277 ff.; ähnlich *Kliege*, Rechtsprobleme S. 104 f.; „Normenkontrolle", weil die AGB durch Unterwerfung in Kraft gesetzte Normen seien: *Helm*,

darüber, daß AGB immer ausgelegt werden dürfen — und zwar nach strengeren Regeln als Individualabreden — und daß eine umfassende Inhaltskontrolle nach allgemeinen Gerechtigkeitsgesichtspunkten stattfinden kann.

3. Die Problematik der Einseitigkeit reduziert sich also bei den heute vertretenen rechtlichen Lösungen auf nachträgliche Kontrolle der AGB. Zur Erfüllung dieser Aufgaben vertraut man vor allem auf die Rechtsprechung. Sie selbst und die Literatur gehen davon aus, daß die Justiz das „selbstgesetzte Recht der Wirtschaft"[31] zu kontrollieren vermag und durch ihre Entscheidungen so beeinflußt, daß die Nachteile der Einseitigkeit des Aufstellungsvorganges beseitigt werden. Als weniger bedeutsam, aber in der Funktion gleich wird die Kontrolle der AGB nach GWB und nach anderen Spezialbestimmungen[32], durch den Markt[33] und durch die Verbände[34] angesehen.

Diese Kontrollen haben aber nicht nur Bedeutung für die Problemlösungen — also für die Beseitigung der Gefahr ungerechter Regelung durch Einseitigkeit. Daneben kommt ihnen ein besonderer Stellenwert bei der Legitimation der bestehenden Praxis zu. Eine als problematisch empfundene Praxis ist grundsätzlich nicht mehr in Frage zu stellen, wenn ihre Gefahren vermieden werden. Da dies durch nachträgliche Kontrolle geschehen soll, dient diese zur Rechtfertigung. Veränderungen werden nicht notwendig, weil mögliche Gründe dafür als im wesentlichen durch das Wirken der Justiz absorbiert angesehen werden.

JuS 65, 121 (126); Mißbrauch der Vertragsfreiheit durch den Unternehmer, Berufung auf AGB dann unzulässige Rechtsausübung: *W. Weber* NJW 68, 1 (5).

[31] *Großmann-Doerth,* Selbstgeschaffenes Recht der Wirtschaft und staatliches Recht, Freiburger Universitätsreden, Heft 10 (1933).

[32] § 9 II GWB für Konditionenkartelle nach § 2, wobei die Kontrolle sehr beschränkt ist; ferner sind als Beispiele echter Kontrolle zu nennen: § 8, I Nr. 2, § 13 VAG; §§ 39, 40, I PBefG.

[33] Die Kontrolle durch den Markt betonte in letzter Zeit vor allem *Grunsky,* BB 71, 1113 ff, der sogar die richterliche Inhaltskontrolle zugunsten der Marktkontrolle zurückdrängen möchte. Gegen die Annahme, daß durch AGB-Wettbewerb am Markt ein Schutz der Kunden zu erreichen ist, dezidiert *Löwe,* BB 72, 185 mit einer Erwiderung von *Grunsky,* BB 72, 189.

[34] Diese Kontrolle wird vor allem von Kautelarjuristen betont, vgl. z. B. *von Brunn* (Fn. 1) S. 56 f. Neuerdings ist *von Brunn* hier skeptischer: „ist ein nennenswerter Einfluß der Verbände auf den Inhalt der Bedingungen nicht mehr vorhanden" (AcP 161 (1971), 376).

2. Abschnitt

Kritik des Vorverständnisses der Wissenschaft und der Rechtsprechung

I. Die Gleichsetzung von Wirtschaftspraxis und Recht

Problematisch ist, daß Wissenschaft und Rechtsprechung mehr oder weniger deutlich das rechtssoziologisch Aufgefundene als verbindlich für das „Recht der AGB" ansehen. Ihm kommt eine normierende Kraft zu, die das Recht abhängig macht vom Bestehenden. Um Mißverständnissen vorzubeugen, ist festzuhalten, daß hier zwar jede Rechtsfindung als vom Faktischen geprägt angesehen wird[35], aber nicht der Realität selbst schon normierende Kraft zugeschrieben wird.

II. Die Rationalität der AGB

Die AGB sollen ihre Rechtfertigung aus der ihnen innewohnenden Rationalität erhalten. Ihre Inhalte sollen gegenüber dem „veralteten BGB" rationaler sein und zu der Vereinheitlichung und Typisierung führen, nach der die von Massenverkehr und Industrialisierung geprägte Gesellschaft verlangt. Prüft man die Standfestigkeit dieses wichtigen „Legitimationspfeilers"[36] für das Recht der AGB, so sind zwei Fragen zu unterscheiden: Welcher Art muß die Rationalität sein, durch die sich das Problem der Vertragsfreiheit des „unterworfenen" Vertragspartners erledigt und läßt sich eine solche Rationalität in den AGB belegen?

1. Zunächst muß festgestellt werden, daß jene Rationalität nicht mit Gerechtigkeit gleichgesetzt werden kann. Gerechtigkeit ist nicht zwingend vorgegeben, sondern setzt Wertungen voraus, die erst nach gemeinsamer Diskussion der Vertragspartner aufgrund eigener oder z. B. gesetzlich vorgegebener Maßstäbe für beide Seiten verbindlich vorgenommen werden können. Gerade eine solche Diskussion ist bei den AGB nicht möglich, da sie einseitig aufgestellt werden. Ihre Rationalität muß also darin bestehen, daß den Regelungen keine Wertungen nach möglicherweise umstrittenen Maßstäben zugrunde liegen, sondern daß sie Lösungen enthalten, die aus der Logik der Sache, der „Diktatur der Verhältnisse" folgen. Nur wenn die AGB auf einem unabweisbaren Sachzwang beruhen, ist das Problem der Herrschaft von Menschen über Menschen mit dem Mittel der AGB gelöst: Dann zwingt nicht der Unternehmer dem Vertragspartner seinen Willen auf,

---

[35] Entsprechend der methodischen Basis, wie sie in der Einleitung (II) dargestellt wurde.

[36] *Knieper* ZRP 71, 62.

sondern es setzt sich die für die Vertragsbeziehungen beste und rationalste Lösung durch. Nicht der eine Mensch herrscht über den anderen, sondern die „dingliche Notwendigkeit", die aber nicht niederdrückt, weil „die Einsicht den sich der technischen Vernunft entgegenstemmenden Willen ins Nichts auflöst"[37].

Bei Berücksichtigung der Entwicklungsgeschichte der Vertragsfreiheit, könnten AGB dann jene den modernen Verhältnissen angepaßte rationale Vertragsordnung bewirken, die sich nach dem liberalen Modell des sich privatautonom vollziehenden Marktverkehrs ohne menschlichen Zwang von selbst einstellen sollte. Die ursprünglich erhoffte aber ausgebliebene Harmonie würde sich mit Hilfe der AGB einstellen. Der Gesetzgeber müßte nicht korrigierend in das vertragliche Geschehen eingreifen, wie er das z. B. im Bereich der Arbeits- u. Mietverhältnisse getan hat. Dieser — vom liberalen Vorverständnis her gesehene — Systembruch würde verhindert, indem die Wirtschaft das Regelungsgeschäft selbst in die Hände nimmt und den Gesetzgeber davon entlastet, die rationale Ordnung herzustellen.

2. Nun findet man das offene Bekenntnis, daß zur Erfüllung dieser Aufgabe die Unternehmer am besten befähigt sein sollen, nur gelegentlich[38]. Implizit geht jedoch auch die h. M. davon aus, daß diese Praktiker „die priesterliche Funktion (übernehmen), das im Dunkel des Sachzwanges liegende Recht zu finden"[39]. Dies ergibt sich schon daraus, daß die Frage nach Beteiligung anderer gesellschaftlicher Gruppen an diesem Vorgang gar nicht erst gestellt wird.

Die Durchsicht der bei M. Rehbinder[40] abgedruckten AGB der deutschen Wirtschaft zu Kaufverträgen zeigt jedoch, daß jene Regeln nicht auffindbar sind, die eine Rationalität beanspruchen können, welche auf von jedermann hinzunehmenden Sachzwängen beruhen. Am eindrucksvollsten ist ohne Zweifel die Gegenüberstellung von Verkaufs- und Einkaufsbedingungen des gleichen Unternehmens. Die teilweise völlig entgegengesetzten Regelungen für die gleiche Art von Verträgen und für die gleiche Art der Einzelleistungen lassen erkennen, daß hier nicht ein unabweislicher Sachzwang sondern allein ökonomische Interessen entscheidend sind.

---

[37] *Knieper*, ZRP 71, 63.

[38] *v. Brunn*, AcP 171, 375: „Hinter der Erarbeitung allgemeiner Geschäftsbedingungen stecken ein Erfahrungsschatz und kaufmännisches Gedankengut, die nahezu mit Notwendigkeit dem Kritiker nicht bekannt sein können".

[39] *Knieper*, ZRP 71, 64.

[40] *M. Rehbinder*, Das Kaufrecht in den Allgemeinen Geschäftsbedingungen der deutschen Wirtschaft, Berlin 1970.

Lieferzeit

Farbenfabrik Bayer AG

a) (Verkauf) Wir sind jederzeit bemüht, so rasch wie möglich zu liefern, können uns aber an eine feste Lieferfrist nicht binden. Schadenersatzansprüche wegen verzögerter Lieferung können nicht geltend gemacht werden.

b) (Einkauf) Die Lieferzeit läuft vom Bestelltage ab. Erfüllt der Lieferer nicht innerhalb der vereinbarten Zeit, so haftet er nach den gesetzlichen Vorschriften[41].

Thyssen Eisen- und Stahl GmbH, Berlin

a) Sie (die Lieferzeit) ist für uns unverbindlich. Falls wir selbst in Verzug geraten, muß der Käufer uns eine angemessene Nachfrist setzen. Nach Ablauf dieser Nachfrist darf er vom Vertrage insoweit zurücktreten, als die Ware bis zum Ablauf dieser Frist nicht versandbereit gemeldet worden ist.

b) Die mit uns vereinbarten Lieferungstermine sind unbedingt einzuhalten, andernfalls sind wir nach angemessener Nachfristsetzung berechtigt, nach unserer Wahl Nachlieferung und Schadensersatz wegen verspäteter Lieferung oder Schadensersatz wegen Nichterfüllung zu verlangen oder auch vom Vertrag zurückzutreten[42, 43].

Gewährleistungsrechte

Deutsche Telephonwerke und Kabelindustrie AG

a) Der Lieferer hat alle Teile unentgeltlich nach seiner Wahl auszubessern oder neu zu liefern, die innerhalb von 12 Monaten infolge eines vor dem Gefahrübergang liegenden Umstandes, insbesondere wegen fehlerhafter Bauart, schlechter Baustoffe oder mangelhafter Ausführung unbrauchbar werden oder deren Brauchbarkeit erheblich beeinträchtigt wird.

b) Für alle Lieferungen übernimmt der Verkäufer die Mängelhaftung nach den gesetzlichen Vorschriften, auch wenn die Mängelrüge nicht rechtzeitig erfolgt. Wir behalten uns daher vor, Ansprüche aus Materialfehlern usw., die sich nicht bei der handelsüblichen Abnahme, sondern erst später bei der Verarbeitung oder Ingebrauchnahme ergeben, auch über die gesetzliche Gewährleistungsfrist sofort nach der Feststellung geltend zu machen[44].

Thyssen Eisen- und Stahl GmbH, Berlin

a) Von uns als mangelhaft anerkannte Ware nehmen wir zurück und ersetzen sie durch einwandfreie. Wir sind nach unserer Wahl (!) berechtigt, an Stelle des Ersatzes den Minderwert zu ersetzen.

b) Alle Teile, die nach unsererseits erfolgter Abnahme innerhalb eines Betriebsjahres bzw. innerhalb der besonders vereinbarten Gewährleistungs-

---

[41] *M. Rehbinder*, Kaufrecht S. 36, Ziff. 6 und S. 39 Ziff. 3

[42] Ebd. S. 227, B, II Ziff. 1 u. 4 und S. 231 Ziff. 8.

[43] Ähnliche Klauseln finden sich bei den AGB der Hamborner Bergbau AG, *M. Rehbinder*, Kaufrecht S. 115 Ziff. 4 und S. 118 Ziff. II, 1 sowie bei den AGB der Berliner Maschinenbau-Actien-Gesellschaft, *M. Rehbinder*, Kaufrecht S. 166 § 5, Abs. 1 u. 3 und S. 173 Ziff. 2.

[44] *M. Rehbinder*, Kaufrecht S. 26, Ziff. IV a u. S. 28 Ziff. 8.

frist infolge von Material-, Anfertigungs- oder Konstruktionsfehlern unbrauchbar oder schadhaft werden, hat der Auftragnehmer unverzüglich auf seine Kosten zu ersetzen, auch alle ihm zur Last fallenden Mängel und Schäden zu beseitigen. In dringenden Fällen, auch wenn der Auftragnehmer diesen Verpflichtungen nicht unverzüglich nachkommt, sind wir berechtigt, auf seine Kosten Ersatz für schadhaft gewordene Teile zu beschaffen oder die Wiederherstellung auszuführen bzw. durch Dritte ausführen zu lassen und entstandene Schäden zu beseitigen.

Ist der Auftragnehmer, nachdem ihm eine angemessene Frist gesetzt worden ist, seiner Verpflichtung zur Beseitigung von Mängeln nicht nachgekommen, so sind wir berechtigt, vom Vertrag zurückzutreten.
Im übrigen gelten die gesetzlichen Bestimmungen[45], [46].

Zahlungsfristen

Deutsche Telephonwerke und Kabelindustrie AG

a) Zahlungen sind ohne jeden Abzug frei Zahlstelle des Lieferers zu leisten.

b) Die Begleichung der Rechnung erfolgt innerhalb 30 Tagen nach Rechnungseingang in Zahlungsmitteln nach unserer Wahl, in bar 2 % Skonto[47].

Hamborner Bergbau AG

a) Unsere Rechnungen sind, sofern nicht anders vereinbart, je nach Art der Lieferung oder Leistung am 10. bzw. 15. des der Lieferung folgenden Monats ohne Abzug zahlbar (siehe Eindruck auf den Rechnungsformularen).

b) Rechnungen, die bis zum dritten Arbeitstag nach Ablauf des Liefermonats nicht eingegangen sind, werden erst am Ende des dem Rechnungseingang folgenden Montas ohne Zinsvergütung beglichen[48].

Mängelrügefristen

Hamborner Bergbau AG

a) Beanstandungen und Einwendungen aller Art sowohl hinsichtlich der Menge als auch der Beschaffenheit sind nur rechtswirksam, wenn sie sofort nach Eintreffen der Ware geltend gemacht werden und uns schriftlich zugehen. Im übrigen gilt, sofern dieser Bedingung nicht entsprochen wird, die Entladung als Abnahme der Ware.

b) Unter Befreiung von der Pflicht zur sofortigen Untersuchung und Rüge (§ 377 HGB) können wir Mängel innerhalb von 6 Monaten seit Übergabe der Sache rügen[49].

Thyssen Eisen- und Stahl GmbH, Berlin

a) Mängelrügen hat der Käufer innerhalb von 14 Tagen nach Eingang der Ware am Bestimmungsort schriftlich zu erheben ... Mängel, die auch bei sorgfältiger Prüfung innerhalb dieser Frist nicht entdeckt werden kön-

---

[45] Ebd. S. 227, B, III Ziff. 4 und S. 231 Ziff. 6.

[46] Bei den Gewährleistungsrechten ist z. T. eine gewisse Angleichung der Verkaufs- und Einkaufsbedingungen festzustellen, so beispielsweise bei der Berliner Maschinenbau-Actien-Gesellschaft, *M. Rehbinder,* Kaufrecht S. 167 § 7 I S. 1 und S. 173 Ziff. 5.

[47] *M. Rehbinder,* Kaufrecht S. 24, Ziff. II c und S. 28 Ziff. 6.

[48] Ebd. S. 116 Ziff. 6 und S. 119 III, Ziff. 1.

[49] Ebd. S. 115 Ziff. 5 u. S. 119 III, Ziff. IV.

nen, sind unverzüglich nach der Entdeckung unter sofortiger Einstellung einer etwaigen Bearbeitung zu rügen. Drei Monate nach Leistung sind alle Mängelrügen ausgeschlossen.

b) Der Auftragnehmer verzichtet auf den Einwand verspäteter Mängelrüge[50, 51].

Auch bei den in zahlreichen Formularen enthaltenen Klauseln, die eine Aufrechnung oder ein Zurückbehalten eigener Leistungen ausschließen, läßt sich Rationalität nicht feststellen[52]. Mit diesen Klauseln versucht der Aufsteller zu erreichen, daß ohne Verzögerung sein Aufwand, den er bei der Güterproduktion bzw. beim Gütererwerb hatte, ersetzt und sein Gewinn verfügbar wird. Dies ist tatsächlich „ein sachlich gerechtfertigter Gesichtspunkt"[53], aber kein rationaler im oben beschriebenen Sinn. Denn das „ebenfalls gerechtfertigte Interesse des Käufers ...", den Preis nicht vor einer Klärung der mit einer Fehlerhaftigkeit der Ware verbundenen Fragen zahlen zu müssen"[54], zeigt, das hier offenbar keine vom „vernünftigen" Käufer notwendig anzuerkennende Regelung vorliegt, die eine Verdrängung der Selbstbestimmung gestatten würde. Diese Klauseln werden letztlich damit gerechtfertigt, daß durch sie keine Position des Kunden berührt würde, „die einen hohen Gerechtigkeitswert enthielte"[55]. Darin aber liegt bereits eine Wertentscheidung nach der einen oder anderen Seite, die Herrschaftsausübung ist, weil nur eine Seite selbstbestimmt ihre Wertungsgesichtspunkte einbringen kann, während die andere zur Diskussion gar nicht erst zugelassen wird. Das Ergebnis der Wertung kann Rationalität im Sinne eines unabänderlichen Sachzwanges nicht für sich in Anspruch nehmen.

---

[50] Ebd. S. 227 B III Ziff. 2 u. 3 und S. 231 Ziff. 5.

[51] Ähnliche Klauseln enthalten die AGB der Deutschen Telephonwerke und Kabelindustrie AG (M. *Rehbinder,* Kaufrecht S. 26 Ziff. IV a und S. 28 Ziff. 8) der BASF (ebd. S. 37 Ziff. 10 und S. 44 Ziff. 5) und der Berliner Maschinenbau-Actien-Gesellschaft (ebd. S. 167 § 7 Abs. 1 und S. 173 Ziff. 5).

[52] Teilweise zeigt sich dies schon ähnlich wie bei den Verkaufs- und Einkaufsbedingungen daran, daß dem Käufer die Aufrechnung verboten wird, während sich der Verkäufer ein umfassendes Aufrechnungsrecht vorbehält. So bestimmen die Lieferbedingungen der Thyssen Eisen- und Stahl GmbH, Berlin in III, 1: Zahlungen sind ... unter Ausschluß der Aufrechnung und der Zurückbehaltung ... zu leisten (M. *Rehbinder,* Kaufrecht S. 224). Nur eine Ziff. weiter unter IV heißt es dann: Der Käufer erklärt sich damit einverstanden, daß wir mit unseren Forderungen gegen seine Forderungen aufrechnen dürfen, auch wenn die gegenseitigen Forderungen verschieden fällig sind. Er ist auch einverstanden, daß wir mit unseren Forderungen gegen Forderungen aufrechnen, die ihm aus Geschäften mit der Handelsunion AG, Düsseldorf, der August Thyssen-Hütte AG, Duisburg-Hamborn oder ihren Konzerngesellschaften ... zustehen (M. *Rehbinder,* Kaufrecht S. 225).

[53] *Schmidt-Salzer* II S. 126 u. III S. 10.

[54] *Schmidt-Salzer* II S. 126.

[55] *Schmidt-Salzer* II S. 127.

Ähnlich ist es bei den anderen weit verbreiteten Klauseln: Das Freibleiben von Angeboten, Haftungsfreizeichnungen, pauschalierter Schadensersatz, Festlegung des Gerichtsstandes, Preiserhöhungsrechte[56], Sicherungsregeln, Versandauflagen[57] u. a. werden zwar getragen vom *Rationalisierungs*gedanken, aber sie können nicht jene Rationalität in Anspruch nehmen, die eine Mitwirkung des Vertragspartners an der Vertragsgestaltung erübrigen könnte. Die Entscheidung für diese Klauseln erfolgt zwar aufgrund der für die Unternehmen wichtigen „Sachgesetzlichkeiten", d. h. aufgrund ökonomischer Gesichtspunkte. Aber ob sich diesen beide Vertragspartner unterwerfen müssen, folgt nicht aus der „Logik der Sache", sondern ist eine Frage, die wertend entschieden werden muß. Das jedoch heißt, daß Verbindlichkeit für beide Partner nur dann ohne Fremdbestimmung eintritt, wenn nicht einer die Lösung im „Dunkel des Sachzwangs" findet, sondern wenn beide ihren Willen und ihre Vorstellungen einbringen können.

Offenbar reicht die mit Hilfe der AGB erreichte *Rationalisierung* auf seiten der Unternehmen als Legitimation nicht aus. Gerade Rationalisierung ist abhängig von ökonomischen Interessen. Deren Bevorzugung ergibt nicht Rationalität, vielmehr ist hier der „Sachzwang" gebunden an Subjektivität. Seine einseitige Durchsetzung bedeutet Herrschaft von Menschen, weil die Interessen der Gegenseite oft die gegenteilige „Sachentscheidung" verlangen.

Damit aber stellt sich die allgemeine Frage, ob bei den heute üblichen AGB überhaupt die Möglichkeit zu der Rationalität besteht, die die Verdrängung der Vertragsfreiheit rechtfertigen würde. Es ist dies das Problem der „technokratischen Rationalität in AGB"[58]. Wie bei jeder Berufung auf den Sachzwang zeigt sich auch bei den AGB, daß die Regelung aufgrund Sachzwangs erst der „zweite Schritt"[59] ist. Davor liegt die Entscheidung, die den Weg bestimmt, der beschritten werden

---

[56] Bsp.: Sollten wir in der Zeit zwischen Auftragsbestätigung und Lieferung unsere Preise allgemein ermäßigen oder erhöhen, so wird der am Tage der Lieferung gültige neue Preis berechnet. Im Falle der Erhöhung der Preise ist der Käufer berechtigt, vom Kaufvertrag zurückzutreten (Farbenfabrik Bayer AG, *M. Rehbinder*, Kaufrecht S. 36 Ziff. 4). Nahezu gleichlautend die AGB der BASF, ebd. S. 42 Ziff. 2.

[57] Eindrucksvoll sind hier die Einkaufsbedingungen der Farbenfabrik Bayer AG, bei welchen die Hälfte der Bedingungen aus genauesten Angaben über den Versand besteht. Bis zur „Bezettelung" der Ware ist alles so geregelt, daß eine weitgehend rationalisierte Warenannahme möglich wird, wobei jedoch „naturgemäß" auf das Versandsystem des Lieferers keine Rücksicht genommen werden kann (*M. Rehbinder*, Kaufrecht S. 40 f. Ziff. 10).

[58] Siehe dazu im einzelnen die Ausführungen bei *Knieper*, ZRP 71, 60 ff. mit zahlreichen Nachweisen zu den Problemen solcher „Technokratiemodelle".

[59] *Knieper*, ZRP 71, 65.

soll. Sie ist geprägt vom Willen des Entscheidenden und von seinen Interessen. Verbindlichkeit für den anderen kann diese Entscheidung solange nicht haben, als dieser an ihr nicht mitgewirkt hat, weil sie sonst seinen Willen verdrängt. Weil man den „one best way" nicht einfach „finden" kann, sondern zuvor entschieden werden muß, und zwar wertend entschieden werden muß, was der beste Weg ist, wird mit dem Argument der Rationalität nicht die Verdrängung des Willens des anderen Partners legitimiert, sondern vielmehr sein Wille ungerechtfertigt unterdrückt. Eine positive Bewertung der mit den AGB erreichten *Rationalisierung* bei den Unternehmen ist daher erst dann möglich, wenn die Einseitigkeit des Aufstellungsvorgangs durch eine Mitwirkung beider Vertragspartner an der Gestaltung der Vertragsbeziehungen abgelöst wird[60].

III. Das Ausweichen auf die Richtigkeitskontrolle, insbesondere die Theorie von Manfred Wolf

1. Kritisch zu beurteilen ist, daß man beim konkreten Fall der AGB allein die Herbeiführung von Richtigkeit und Gerechtigkeit als rechtlich zu lösende Aufgabe ansieht. Selbst die wohl h. M., die den Sinn des Vertrages darin sieht, Selbstbestimmung durch freie Gestaltung der vertraglichen Beziehungen zu ermöglichen[61], verdrängt hier das Problem der Selbstbestimmung. Praktisch ist durchweg eine Überordnung

---

[60] Dabei ist keineswegs zwingend notwendig, daß dies auf individueller Ebene geschieht. So wäre eine denkbare Alternative die demokratische Konfliktlösung über die verfassungsrechtlich dazu berufenen Organe, konkret den Gesetzgeber. Dann würde der auf individueller Ebene nicht lösbare Konflikt auf gesellschaftliche Ebene transponiert, wodurch nach den Prinzipien des Parlamentarismus eine Berücksichtigung und ein Ausgleich aller Interessen vorstellbar wird. Rationalisierung müßte auf parlamentarischen Weg durchgesetzt werden und würde dann durch den mittelbar hinter der gesetzlichen Regelung stehenden „Volkswillen" legitimiert. Diese Lösung bleibt aber weitgehend theoretisch, weil der Gesetzgeber dieser Aufgabe wohl nicht gewachsen ist, wie *Helm* richtig feststellt (Festschrift für L. *Schnorr* von *Carolsfeld*, S. 127).

[61] Zu nennen sind hier vor allem jene, die die Vertragsfreiheit in Art. 2 I gewährleistet sehen. Dort ist die allgemeine Entfaltungsfreiheit, also Selbstbestimmung garantiert, so daß mit der Ansiedlung der Vertragsfreiheit in Art. 2 I zum Ausdruck kommt, daß mit der Gewährung von Vertragsfreiheit Selbstbestimmung ermöglicht werden soll. Aus der Fülle der Literatur sind zu nennen: *Dilcher*, NJW 60, 1040; *Dürig* in *Maunz - Dürig - Herzog*, Art. 2 I, Rdnr. 53 ff.; *Fikentscher* LB § 21, II; *v. Hippel, Eike*, Die Kontrolle der Vertragsfreiheit nach anglo-amerikanischem Recht S. 20; *Kliege*, Rechtsprobleme S. 93; *Laufke*, Festschrift Lehmann S. 145; *Larenz* I § 4 IV jedenfalls als Institut, unentschieden, ob als subjektives Recht; *Leisner*, Grundrechte S. 323; *Nipperdey*, Die Grundrechte, Bd. IV/2 741 ff. (886); *Rittner*, Die Ausschließlichkeitsbindung in dogmatischer und rechtspolitischer Betrachtung S. 61 (wie Larenz) u. a.. Ferner BVerfGE 8, 328; 12, 347. Außerdem ohne Bezugnahme auf Art. 2 I: *Raiser* 46. DJT B, S. 1 ff.; *Flume*, LB S. 17 f.; sowie *Hans Huber*, Bedeutung 16 ff.

der Richtigkeit über die Selbstbestimmung festzustellen, d. h. es interessiert nicht, ob der Kunde durch die Mitgestaltung des Vertrages ein Stück Selbstverwirklichung erreichen konnte, sondern ob die einseitige Gestaltung auch gerecht ist. Wenn sie gerecht ist, bleibt das Moment der Unterwerfung, der Fremdbestimmung außer Betracht. Der Begriff „Überordnung" bringt noch zu wenig zum Ausdruck, daß es sich letztlich um eine Verdrängung der Selbstbestimmung handelt[62]. Dieses Vorgehen ist nicht gerechtfertigt, wenn man den Sinn der Vertragsfreiheit in der Verwirklichung von Selbstbestimmung sieht. Gerade dann ist es Aufgabe der Theorie, Beschränkungen der Selbstbestimmung auch bei den rechtlichen Lösungen zu beachten.

2. Dieser Kritik entgehen nur scheinbar die Anhänger der Theorie von der Richtigkeitsgewähr des Vertrages, die davon ausgeht, daß durch Verträge Gerechtigkeit i. d. R. verbürgt sei[63]. Sie verkennen, daß sie schon im Ansatz die wirtschaftliche Entfaltungsfreiheit des Art. 2^I in Form der Vertragsfreiheit als Problem verdrängen. Es ist heute bei der Erörterung der Probleme der Vertragsfreiheit zu beachten, daß „die Freiheit der Persönlichkeit ein grundlegender in Art. 2^I anerkannter Wert (ist), dessen Sicherung und Verwirklichung der Rechtsordnung aufgegeben ist"[64]. Dies bedeutet, daß die wirtschaftliche Entfaltungsfreiheit des Kunden beim Vertrag mit AGB in die Überlegungen über die Zulässigkeit der AGB einbezogen werden muß. Dies geschieht nicht, wenn ein anderes, allerdings ebenso wichtiges Prinzip jeder Rechtsordnung, die Verwirklichung der Gerechtigkeit[65], bevorzugt Beachtung findet.

Nun hat neuerdings *Manfred Wolf* versucht nachzuweisen, daß durch die Gerechtigkeitskontrolle zugleich der Wert der Freiheit, der Selbstbestimmung verwirklicht werden könne[66]. Wenn diese Theorie richtig ist, könnte die hier geübte Kritik am herrschenden Vorverständnis nicht aufrechterhalten werden. Im folgenden wird daher die Theorie

---

[62] Kritisch dazu auch *Wolf*, Entscheidungsfreiheit S. 43 u. S. 231.

[63] Vor allem *Schmidt-Rimpler*, AcP 147, 130 ff.; ders. in Festschrift für H. C. Nipperdey (1955) S. 1 ff. (5 ff.) und in HdSW Bd. 12, Nachtrag, Stichwort „Wirtschaftsrecht" insbesondere Sp. 690 f. Ferner z. B. *Biedenkopf*, Vertragliche Wettbewerbsbeschränkungen und Wirtschaftsverfassung, 1958, S. 108; *Brox*, Die Einschränkung der Irrtumsanfechtung, 1960, S. 86 ff. und JZ 66, 761; *Bydlinski*, Privatautonomie und objektive Grundlagen des verpflichtenden Rechtsgeschäfts 1967, S. 62 ff.; *Hurst*, Inwieweit kann Gesetzesrecht durch AGB abbedungen werden? Diss. 1968, 114 ff; *Zöllner*, FamRZ 1965, 113 ff (119) und die Rechtsnatur der Tarifnormen nach deutschem Recht 1966, S. 35 sowie *Zöllner - Seiter* ZfA 1970, 97 ff., z. B. S. 117 und 150.

[64] *Wolf*, Entscheidungsfreiheit S. 30.

[65] Dazu im einzelnen im 3. Abschnitt, II.

[66] *Wolf*, Entscheidungsfreiheit.

Wolfs, sofern sie für das Vorverständnis von Bedeutung ist, auf ihre Richtigkeit überprüft.

3 a) Der Gedankengang *Wolfs* läßt sich wie folgt kurz darstellen. Grundsätzlich betont er die Selbstbestimmung als zu beachtendes Prinzip, geht jedoch darüber hinaus von einer funktionalen Verbindung zwischen Selbstbestimmung und Gerechtigkeit aus, weil die „Selbstbestimmung ... als Bestandteil der Rechtsordnung nicht losgelöst von der Aufgabe des Rechts gesehen werden (kann), eine gerechte Ordnung zu verwirklichen"[67]. Der Vertrag gibt die Möglichkeit zur selbstbestimten Regelung der Beziehungen, aber in Anlehnung an *Schmidt-Rimpler*[68] soll diese selbstbestimmte Interessenwahrnehmung auf gerechten Interessenausgleich ausgerichtet sein, also auf Richtigkeit. Damit ist noch nichts darüber ausgesagt, welchem Prinzip, der Selbstbestimmung oder der Gerechtigkeit, bei der Frage nach der Zulässigkeit gewisser Beschränkungen der Vertragsfreiheit, größere Bedeutung beigemessen wird.

Für *Wolf* bestimmen die „Erfordernisse der Vertragsgerechtigkeit die Voraussetzungen, unter denen die Selbstbestimmung gegenüber Beeinträchtigungen Schutz verdient"[69]. Wann eine unzulässige Beschränkung der Selbstbestimmung vorliegt, wird also nicht anhand objektiv festgestellter Beschränkungen der Selbstbestimmung durch Fremdbestimmung festgestellt; vielmehr sollen dafür Maßstäbe der Vertragsgerechtigkeit entscheidend sein.

Zu dieser Annahme gelangt *Wolf* durch die Einführung der „*Entscheidungsfreiheit*" als Bindeglied zwischen Selbstbestimmung und Vertragsgerechtigkeit. Sie ist als „Ausdruck der privatautonomen Selbstbestimmung"[70] Teil derselben. Bezogen auf die Vertragsgerechtigkeit ist sie identisch mit dem, was bei Schmidt-Rimpler „Wertungsfähigkeit"[71] genannt wird. Diese ist Voraussetzung für den gerechten Interessenausgleich, weil beide Vertragsparteien in der Lage sein müssen, ihre Interessen frei zu bewerten. Hier knüpft *Wolf* an und stellt fest, daß bei den Nebenbedingungen Entscheidungsfreiheit i. S. von Wertungsfähigkeit immer dann ausgeschlossen ist, wenn eine unzulässige Koppelung des Vertragsschlusses mit der Anerkennung der Bedingungen gegeben ist[72]. Diese Koppelung ist dann zulässig, wenn entweder eine Koppelung mit berechtigten Bedingungen vorliegt oder

---

[67] *Wolf*, Entscheidungsfreiheit S. 67.
[68] Siehe die Nachweise Fn. 63.
[69] *Wolf*, Entscheidungsfreiheit S. 70.
[70] *Wolf*, Entscheidungsfreiheit S. 114.
[71] *Schmidt-Rimpler* AcP 147, 158, Fußn. 34.
[72] *Wolf*, Entscheidungsfreiheit S. 127 und 133.

wenn ein Verzicht auf den Vertragsabschluß überhaupt zumutbar ist[73]. Unzulässigkeit der Koppelung ist positiv gegeben, „wenn bei Verkoppelung von Vertragsabschluß und Anerkennung der Bedingung mit dem Vertragsabschluß Interessen von solchem Gewicht auf dem Spiel stehen, daß sie die im Zusammenhang mit der Regelung der Einzelbedingung zu treffende Wertung verdrängen"[74]. Anders ausgedrückt: Wenn der Vertragsabschluß für einen der Beteiligten so wesentlich ist, daß die Möglichkeit einer Bewertung der Nebenbedingungen ausgeschlossen ist, dann fehlt die Entscheidungsfreiheit.

Nach *Wolf* liegen Beschränkungen der Entscheidungsfreiheit dann vor, wenn die Interessen an der Vertragsleistung die für die Bewertung der Nebenbedingungen entscheidenden Interessen überwiegen[75]. Dazu ist eine Abwägung und Bewertung der Interessen des Beeinträchtigten notwendig. Sie muß anhand der objektiven Wertordnung vorgenommen werden, da das Streben nach Wertverwirklichung, welches „durch den Vertrag und die Vertragsfreiheit ermöglicht werden soll, nur insoweit geschützt (wird), als es mit der objektiv-rechtlichen Wertordnung übereinstimmt"[76].

Um festzustellen, ob die Entscheidungsfreiheit beeinträchtigt ist, ist also zu fragen: a) Sind die mit dem Vertragsabschluß gekoppelten Nebenbedingungen berechtigt und zwar nach den Maßstäben der Verkehrssitte und nach objektiven Gesichtspunkten der Vertragsgerechtigkeit?[77] b) Ist ein Vertragsverzicht bzw. ein Ausweichen auf andere Partner bei unberechtigten Bedingungen zumutbar?[78] c) Wie ist das Wertverhältnis der Interessen am Vertragsschluß und der bei der Bewertung der Nebenbedingungen zu beachtenden Interessen zueinander, wobei dieses nach einer „abstrakten Rangordnung der Werte", die „sich aus der gesetzlichen und verfassungsrechtlichen Wertung, aber auch aus der herrschenden Kulturauffassung entnehmen" läßt[79], und nach weiteren konkreten Momenten[80] zu bestimmen ist?

Ob also Entscheidungsfreiheit beschränkt ist oder nicht, richtet sich nach allgemeinen Gerechtigkeitsprinzipien. Weil aber Entscheidungsfreiheit nicht nur für Vertragsgerechtigkeit von Bedeutung ist, sondern

---

[73] Ebd. S. 154.
[74] Ebenda.
[75] Ebd. S. 156.
[76] Ebd. S. 172.
[77] Ebd. S. 181 f.
[78] Ebd. S. 188 f.
[79] Ebd. S. 174.
[80] Diese konkreten Momente sind nach *Wolf* im Anschluß an *Hubmann*, AcP 155, 85 ff. (103 ff.) Interessenhäufung, Interessennähe und Interessenintensität (*Wolf*, Entscheidungsfreiheit S. 175 ff.).

zugleich in der Selbstbestimmung verankert wurde, ist durch die anhand der Gerechtigkeitsprinzipien festgestellten Beschränkungen der Entscheidungsfreiheit auch der Nachweis der Beschränkung der Selbstbestimmung erbracht. Umgekehrt ist die Bewahrung der Entscheidungsfreiheit durch Ausmerzen unberechtigter Klauseln anhand der Maßstäbe der Gerechtigkeit Erhaltung der Selbstbestimmung. Dem oben geäußerten Verlangen nach Beachtung auch der Selbstbestimmung bei der rechtlichen Problemlösung scheint Genüge getan.

Es gilt aber zu beachten, daß auch bei *Wolf* Gerechtigkeit letztlich die Frage nach der Selbstbestimmung verdrängt. Direkte Beschränkungen der Selbstbestimmung durch Fremdbestimmung von seiten des anderen Vertragspartners werden nicht reflektiert. Aufgrund der Einführung des Bindegliedes „Entscheidungsfreiheit" zwischen Selbstbestimmung und Vertragsgerechtigkeit kann sich *Wolf* mit der Frage nach der Gerechtigkeit der Bedingungen begnügen. Die entscheidende Frage ist daher, ob *Wolfs* Prämisse, daß zwischen Selbstbestimmung und Vertragsgerechtigkeit ein funktionaler Zusammenhang besteht, richtig ist. Wird sie falsifiziert, ist die vermittelnde Lösung eine Scheinlösung, das Problem des Verhältnisses zwischen Selbstbestimmung und Gerechtigkeit besteht fort. Praktisch findet dann wie bei der herrschenden Meinung nur eine nachträgliche Gerechtigkeitskontrolle statt, ohne daß die Selbstbestimmung des Unterlegenen beachtet wird.

b) Der entscheidende Punkt bei *Wolf* ist die Anknüpfung an die Lehre *Schmidt-Rimplers*. Nur wenn durch das Gestaltungsmittel Vertrag die Verwirklichung der Richtigkeit erreicht wird, kann die behauptete funktionale Beziehung bestehen[81].

Versteht man die Vertragsverhandlungen als einen Prozeß der Kommunikation zwischen den Beteiligten, so sind m. E. zwei Wege vorstellbar, die zu einem Konsens der Vertragspartner führen, der nach der Lehre von der Richtigkeitsgewähr des Vertrages sich durch seine Richtigkeit auszeichnet, nämlich aa) mittels einer rationalen Diskussion oder bb) durch Anwendung von Druckmitteln.

aa) Da ein Interessengegensatz zwischen den Vertragspartnern vorausgesetzt ist, liegt zunächst eine Situation vor, in der ihre Verständigung gestört ist. Diese Störung kann bei den Verhandlungen so beseitigt werden, daß gegenseitig die Voraussetzungen aufgedeckt werden, nach denen man die Vertragsleistungen bewertet. Über dabei auftretende Unterschiede müßten sich die Beteiligten in der Weise verständigen, daß sie nach für sie beide gültigen Wertungsgrundlagen, Bewertungsregeln suchen. Nach diesen von beiden Partnern beherrschten und

---

[81] Vgl. zum Folgenden auch *Roscher*, ZRP 72, 111 ff.

anerkannten Regeln würde die anfänglich unterschiedliche Bewertung von Leistung und Gegenleistung angeglichen werden, so daß schließlich ein Konsens eintritt.

Gerade nach diesen Regeln einer rationalen Diskussion finden erfahrungsgemäß die Vertragsverhandlungen nicht statt. Die Beteiligten sprechen üblicherweise nicht über ihre Interessen am Vertragsschluß und darüber, wie sie diese bewerten. Diese Erkenntnis liegt auch der Theorie *Schmidt-Rimplers* zugrunde, denn er stellt den nach seiner Ansicht für den Ausgleich notwendigen Vorgang der Bewertung der Interessen nicht als einen intersubjektiven sondern als einen bei jedem der Beteiligten intern sich vollziehenden dar[82].

bb) Die Herbeiführung eines Konsens trotz Interessengegensatz und damit die Aufgabe anfangs eingenommener Positionen ist daher nur auf die andere Weise erklärbar. Allein durch Machtausübung ist Verzicht erreichbar, da es bei verschiedener Interessenbewertung an einer gemeinsam anerkannten Bewertungsgrundlage zunächst fehlt und diese auch typischerweise nicht durch eine Verständigung, wie sie unter aa) geschildert wurde, gefunden wird. Je nachdem, welche Druckmöglichkeiten die Beteiligten haben, können sie den zum Ausgleich notwendigen Verzicht erzwingen. Im seltenen Fall der symmetrischen Machtverteilung ist dies nicht anders: Dann „können beide Seiten einen Kompromiß, d. h. wechselseitige Verzichte auf Interessenwahrnehmung erzwingen"[83]. Was also eigentlich im angeblichen Vertragsmechanismus den Verzicht auf einmal eingenommene Positionen bewirkt, ist die Macht, die die jeweils Beteiligten haben und die sie während der Vertragsverhandlungen ausüben. Auf dieses Wirken der Macht hat bereits Raiser hingewiesen, indem er feststellt, daß der angeblich vom Vertragsmechanismus herbeigeführte Interessenausgleich immer zugleich ein Machtausgleich sei[84].

Bei meinen Ausführungen in ZRP 72 hatte ich nun ohne nähere Differenzierung angenommen, daß der als „Vertragsmechanismus" bezeichnete Machtausgleich kaum Richtigkeit herbeiführt, da die Vermutung naheliegt, daß bei einem Wirken wirtschaftlicher Macht nicht gerade materielle Gerechtigkeit im Sinne einer objektiven Gerechtigkeitsordnung erreicht wird[85]. Weil dies bei der Lehre von der Richtigkeitsgewähr unreflektiert bleibt, lehnte ich sie ab. Nun ist aber Machtausübung keineswegs von vornherein negativ zu beurteilen, wie z. B. die

---

[82] So insbesondere in AcP 147, 151 ff.; Festschrift für H. C. Nipperdey, (1955) S. 9.

[83] *Habermas* in *Habermas - Luhmann* S. 254.

[84] *Raiser*, Festschrift DJT Bd. I, S. 118.

[85] *Roscher*, ZRP 72, S. 113 in Fußn. 17.

demokratisch legitimierte Machtausübung staatlicher Organe zeigt. Es ist also zu unterscheiden zwischen der faktischen Gewaltanwendung bzw. der permanenten offenen Gewaltandrohung[86] und der durch entsprechende Normen legitimierten Macht, also normativer Ausübung von Macht. Nur im ersten Fall ist jene Aussage bezüglich der Gerechtigkeit in der Regel treffend. Im zweiten Fall aber stellt sich die Frage anders: Wenn das Ergebnis der Verhandlungen durch legitime Ausübung von Macht herbeigeführt ist, dann sind die zurückgedrängten Interessen weniger bedeutsam, die letztlich durchgesetzten gerechtfertigt und damit die Vereinbarung als solche richtig.

Der Fehler der Theorie von der Richtigkeitsgewähr des Vertrages besteht nun darin, daß sie sich die Frage, welche Ausübung von Macht bei Vertragsbeziehungen legitim ist, nicht grundsätzlich stellt, weil sie den Mechanismus der Macht, der hinter dem angeblichen „Vertragsmechanismus" steht, nur in ganz seltenen pathologischen Situationen beachtet und im übrigen von der Legitimität der Machtverteilung ausgeht. Die Macht der Arbeitgeber zur Durchsetzung ihres Willens beim Vertragsschluß, gegründet auf ihren Besitz der Produktionsmittel, die Macht des Vermieters zum Vertragsdiktat, beruhend auf der Knappheit der Ware Wohnraum und dem freien Verfügungsrecht über das Eigentum, die Macht zur Durchsetzung von AGB, rückführbar auf Monopole beliebiger Art und Stärke bzw. auf Gleichförmigkeit der Bedingungen bei den Anbietern, wird zum „Sachzwang", der „auf dem tatsächlichen Bedarf oder der Marktlage" beruht[87]. Die vertragliche Regelung, die durch diese „Sachzwänge" beeinflußt ist, kann jedoch nicht von vornherein als richtig anerkannt werden, denn die Prämisse, daß die Macht legitim verteilt sei, wird gar nicht erst aufgedeckt, bleibt deshalb undiskutiert und damit unbewiesen.

Jene Theorie ist daher solange unhaltbar, als sie sich nicht vorab mit der Frage beschäftigt, ob die Machtausübung, die den Interessenausgleich herbeiführt, gerechtfertigt ist. Dazu aber muß sie prüfen, inwieweit unsere Rechtsordnung von herrschaftsfreien, selbstbestimmten Beziehungen der Privaten untereinander ausgeht und inwieweit sie Fremdbestimmung zuläßt. Der theoretische Ansatz *Schmidt-Rimplers* ist falsch, solange nicht die Frage nach dem Umfang der jedermann gewährten Vertragsfreiheit und nach dem zulässigen Maß von Beschränkungen der Vertragsfreiheit geklärt ist. Das Gestaltungsmittel Vertrag gewährleistet als solches keine Richtigkeit, die Richtigkeit des vertraglichen Ausgleichs hängt vielmehr ab vom Maß der Verwirklichung

---

[86] Gewalt meint hier physischen oder psychischen Zwang, der nicht auf irgendeine Weise gerechtfertigt ist.

[87] *Wolf*, JZ 71, 377 f.

rechtlich vorgeschriebener Vertragsfreiheit und Selbstbestimmung, und damit letztlich von der Legitimation der Beschränkung der Freiheit durch Machtausübung. Der in dieser Arbeit erstrebte Beitrag zum Abbau von ungerechtfertigter Herrschaft durch Vertragsfreiheit wäre also auch das Problem der Lehre von der Richtigkeitsgewähr. Ohne seine Lösung kann der Nachweis nicht gelingen, daß durch Verträge Richtigkeit gewährleistet ist.

Für *Wolfs* These von der funktionalen Verbindung zwischen Selbstbestimmung und Gerechtigkeit ergibt sich daraus folgendes: Weil der vertragliche Interessenausgleich ein Machtausgleich ist und mit diesem eine Beschränkung der Selbstbestimmung bei den Vertragspartnern einhergeht, kann dieser Ausgleich nicht einfach an Gerechtigkeitsmaßstäben gemessen werden, um dann zu schließen, so weit das Ergebnis den von *Wolf* näher konkretisierten Bedingungen[88] entspricht, sei Selbstbestimmung nicht berührt worden. Die Frage nach der Beschränkung der Selbstbestimmung und ihrer Zulässigkeit ist vielmehr selbständig zu klären und unabhängig vom vertraglichen Ergebnis, da die beim vertraglichen Ausgleich stattfindende Ausübung von Macht und damit die mit ihrer Hilfe durchgesetzten Interessen ungerechtfertigt sein können. Stellt sich dann heraus, daß die Beschränkung der Selbstbestimmung gerechtfertigt, also durch legitime Ausübung von Macht herbeigeführt ist, kann die Vereinbarung von der Rechtsordnung als richtig anerkannt werden. Der umgekehrte Weg *Wolfs* ist nicht gangbar, weil er gar nicht bis zum eigentlichen Problem der Selbstbestimmung, nämlich ihrer Beschränkung durch das Wirken von Macht beim Vertragsschluß vordringt, sondern bei der Gerechtigkeitskontrolle endet. Durch die Verknüpfung von Selbstbestimmung und Gerechtigkeit bei *Wolf* mit Hilfe der Entscheidungsfreiheit wird daher der Zugang zu umfassender Verwirklichung von Selbstbestimmung verstellt[89].

3. Abschnitt

Das eigene Vorverständnis

I. Die Betonung der Selbstbestimmung

Das eigene Vorverständnis von der Ordnungsbedürftigkeit des Wirklichkeitsbereiches der AGB ergibt sich teilweise aus der Kritik des Vorverständnisses der h. M. Entscheidend ist es dadurch geprägt, daß das

---

[88] Siehe oben Fn. 77 - 80.

[89] Gegen die Einführung der „Entscheidungsfreiheit" als Voraussetzung für einen wirksamen Vertragsabschluß, allerdings aus Gesichtspunkten der Praktikabilität, auch *Fikentscher*, Festschrift für Hefermehl, S. 49 f.

in Art. 2[I] niedergelegte Prinzip der Selbstbestimmung als wesentlicher Grund für die Gewährung von Vertragsfreiheit durch die Rechtsordnung angesehen wird[90]. Weiterhin wird davon ausgegangen, daß durch die allgemein für zulässig erachtete Verwendung von AGB bei den vertraglichen Beziehungen die Vertragsfreiheit bei dem Vertragspartner, der sich unterwirft, weniger verwirklicht ist (bzw. Vertragsfreiheit überhaupt ausgeschlossen ist), als bei demjenigen, der die AGB aufstellt. Aus dieser Sicht wird das Problem der Einseitigkeit der Aufstellung zu allererst zu einem Problem der Vertragsfreiheit und der Selbstbestimmung und nicht nur der Gerechtigkeit. Das Problem ist, ob die Rechtsordnung einem Vertragspartner durch die Zulassung von AGB bei bestimmten ökonomischen Verhältnissen so viel an Gestaltungsmöglichkeit einräumen darf, daß der andere sich nurmehr unterwerfen kann oder ob diesem nicht ebenfalls ein bestimmtes Maß an Vertragsfreiheit durch die Rechtsordnung gewährleistet werden muß, welches dann die Zulässigkeit von AGB ausschließen oder zumindest beschränken würde.

Es geht also darum, ob die Zulässigkeit der Verwendung von AGB nicht durch die Notwendigkeit der Gewährleistung von Vertragsfreiheit auch für den anderen Partner eingeschränkt ist. Daraus ergibt sich als verfassungsrechtliche Frage, welchen Inhalt das Grundrecht des Art. 2[I] hat und wieweit es die Rechtsordnung einschränken darf. Dabei wird es hier als unzulässig angesehen, die Verwendung der AGB losgelöst von den ökonomischen Verhältnissen zu sehen. Weil die Beschränkung der Vertragsfreiheit von den Machtverhältnissen mitbestimmt erscheint, sind sie in die Überlegungen einzubeziehen. Sie sind bei der Konkretisierung des notwendigen Inhalts der Selbstbestimmung von Bedeutung. So kann eine bestimmte Güterverteilung verfassungsrechtlich legitimiert sein, andererseits kann aber gerade diese Güterverteilung Ursache für Beschränkung der Selbstbestimmung eines Vertragspartners sein. Hier gilt es im Ausgleich verschiedener Verfassungsprinzipien, den Inhalt der Selbstbestimmung zu konkretisieren.

Werden die ökonomischen Verhältnisse mit reflektiert, so ist eine bestehende Vertrags- und Wirtschaftspraxis nicht von vornherein als unabänderbar anzusehen, ein „Sachzwang" der Verhältnisse darf nicht zur Aufgabe des Prinzips der Selbstbestimmung führen[91].

---

[90] Siehe dazu schon die Einleitung.

[91] Die eigene Auffassung zu den Argumenten der Rationalität und Rationalisierung ergibt sich bereits aus der Kritik oben im 2. Abschnitt, II.

II. Das Verhältnis von Freiheit und Gerechtigkeit

Wenn Freiheit im Gegensatz zur herrschenden Meinung so in den Vordergrund gestellt wird, muß ihr Verhältnis zur Gerechtigkeit geklärt werden. Auch hier wird Gerechtigkeit, also auch Vertragsgerechtigkeit, als wichtiges Anliegen der Rechtsordnung betrachtet. Es ergeben sich jedoch Unterschiede beim Weg zur Verwirklichung dieses Prinzips.

1. Der klassische Liberalismus baute darauf, daß sich innerhalb der herrschaftsfreien Beziehungen der Bürger untereinander Wohlstand für alle und auch Tauschgerechtigkeit erzielen lasse. Diese war aber keineswegs eine Besonderheit der Wirtschaftsform des Liberalismus. Gerade die Tauschgerechtigkeit ist ein uraltes Problem der Juristen[92], um das sich auch die Gesetzbücher der Aufklärung, der Epoche des Liberalismus unmittelbar vorausgehend, ausdrücklich bemühten. Aber ganz im Gegensatz gerade zum Zeitalter des mittelalterlichen Naturrechts und des aufgeklärten Absolutismus ging es nun nicht mehr um Gerechtigkeit, die eine Obrigkeit voraussetzt, welche „jedem seine Portion . . . Anteil an sozialen Gütern (Einkommen, Stellung) von oben herab auf den Teller legt"[93]. Statt dessen war das Ideal des Liberalismus die Ablösung jener patriarchalischen Gerechtigkeit von oben durch eine Gerechtigkeit von unten, eine Gerechtigkeit, die sich im Zusammenwirken der von Zwängen freien Bürger bilden sollte. Nur so wird es verständlich, daß die Tauschgerechtigkeit im BGB, jenem Ideal verbunden, „mit Recht keinen Platz mehr gefunden"[94] hat.

2. Das Modell der „Gerechtigkeit von unten" innerhalb der selbstbestimmten privaten Beziehungen der Bürger bleibt unverwirklicht wegen der Anhäufung von Macht bei wenigen und deren rücksichtslosem Gebrauch der Freiheit zu Lasten vieler. Dennoch darf das ursprüngliche Ziel nicht aus den Augen verloren werden, wenn man sich um Verwirklichung von Freiheit *und* Gerechtigkeit bemüht. Konkret ausgedrückt: Nachdem man den Fehler der liberalen Doktrin, durch Gewährung von Vertragsfreiheit lasse sich automatisch eine harmonische Ordnung herbeiführen, erkannt hat, darf man nicht in das Denken jener Zeit zurückverfallen, in der sich menschliches Leben nur nach einer vorgegebenen Ordnung entfalten durfte[95].

---

[92] Siehe z. B. das Institut der laesio enormis beim Grundstückskauf im Codex Justinianus C 4. 44. 2.

[93] *Bloch*, Naturrecht S. 228.

[94] *Raiser*, Festschrift DJT, Bd. I S. 130.

[95] In neuerer Zeit hat *U. Runge* eindrucksvoll dargelegt, wie der Ordoliberalismus dieser Gefahr erlegen ist: *Runge*, Antinomien, vor allem S. 162 ff.

Gerechtigkeit wird sonst jene *von oben* herab verteilende, jedem das Seine gebende, um die grundsätzlich richtig geordnete Gesellschaft in den Randbereichen zu balancieren, in welchen ihr Gleichgewicht bedroht ist. Die Disposition über die gesellschaftliche Ordnung, die den Bürgern mit den liberalen Freiheiten gestattet ist, wird dann wieder abgeschafft[96]; solche Gerechtigkeit nimmt den Bürgern die Möglichkeit, in der gesellschaftlichen Auseinandersetzung selbstbestimmt im Ausgleich der Meinungs- und Interessenunterschiede ihre Ordnung zu schaffen, wie es das demokratische Gemeinwesen unserer Verfassung verlangt.

Dies geschieht, wenn man statt der Frage nach der Vertragsfreiheit aller Vertragspartner nur die Frage nach der Gerechtigkeit der Vereinbarung stellt. Die eigentliche Ursache, die es verhindert, daß die Bürger selbstbestimmt einen gerechten Ausgleich finden, nämlich die Fremdbestimmung vieler durch wenige, wird verdrängt. Statt dessen versucht man, die verhinderte, als sinnvoll vorgestellte Ordnung auf dem Wege über die Gerechtigkeitskontrolle nach den Maßstäben jener Ordnung herzustellen. Dabei bleibt unbeachtet, daß die Ordnung geplant war als eine, die von den Bürgern erst selbstbestimmt im Rahmen der Verfassung geschaffen werden sollte.

3. Ziel der Verwirklichung von Gerechtigkeit auch des Wirtschaftsverkehrs kann es daher nur sein, die Ansätze zu einer gerechten Ordnung „von unten", d. h. durch die Bürger erst einmal sicherzustellen. Diese Aufgabe, die man im Bereich öffentlichen Lebens durch die demokratische Konfliktregelung zu lösen versucht, gilt es auch für die Wirtschafts- und Sozialordnung anzugehen. Die heute durch Machtausübung entschiedenen Interessenkonflikte sind von vornherein ihrer rationalen Lösung zuzuführen und nicht erst nachträglich einer Gerechtigkeitskontrolle zu unterwerfen. Der Streit um die gerechte Ordnung muß ausgetragen werden, um die notwendigen Veränderungen und Anpassungen zu gewährleisten, die die gesellschaftlichen, durch partikulare Interessen verdrängten Bedürfnisse erfordern. Nur so können sich Selbstbestimmung und Gerechtigkeit verwirklichen.

---

[96] Vgl. zu solchen Tendenzen die Idee von der „formierten Gesellschaft" bei *Ludwig Erhard:* „Diese Gesellschaft wird *die staatliche Autorität* soweit stärken, daß notwendige Reformen und die Festsetzung von Prioritäten bei der Lösung der Gemeinschaftsaufgaben Anerkennung finden und dadurch politisch möglich werden", Regierungserklärung 1965, Bundestagsprotokolle, Bd. 60, S. 19. Hier klingt das Hoffen auf eine starke Entscheidungs- und Ordnungsinstanz an, welches *U. Runge* für das neoliberale Ordokonzept feststellt und mit dem Vorwurf der „totalitären Potenz" belegt, Antinomien, S. 162.

Ob dies schon mit Formen der Vertragsfreiheit wie sie heute im Bereich der AGB üblich sind, möglich ist, oder ob neue Wege der Institutionalisierung für die selbstbestimmte Konfliktlösung gesucht werden müssen, wird die verfassungsrechtliche Analyse ergeben.

Dritter Teil

Die Konkretisierung des Art. 2^{I} GG

1. Abschnitt

Das Verfassungsverständnis

*I. Die Verfassung als rechtliche Grundordnung
des Gemeinwesens*

In Anlehnung an *Ehmke* und *Hesse*[1] wird Verfassung hier verstanden als „die rechtliche Grundordnung des Gemeinwesens"[2]. Der materiale Gehalt dieser Auffassung wird sichtbar durch die inhaltliche Bestimmung des Begriffs „Gemeinwesen".

1. Gemeinwesen bezeichnet weder das, was herkömmlich als Staat im Gegensatz zur Gesellschaft verstanden wird, noch soll es absolute Identität staatlicher und gesellschaftlicher Interessen vorspiegeln. Gemeinwesen ist zunächst terminologische Überwindung der Trennung ein und desselben menschlichen Verbandes durch die Verfassungstheorie in „Staat" und „Gesellschaft". Es wird davon ausgegangen, daß der Staat nicht eine „denkökonomische Abstraktion"[3], sondern „Ergebnis bewußter menschlicher Tat"[4] ist. Erst gesellschaftliches Zusammenwirken konstituiert den demokratischen Staat. Umgekehrt ist „gesellschaftliches Leben ohne die organisierende, planende, verantwortliche Gestaltung durch den Staat nicht möglich"[5]. Die Verbundenheit wird umschrieben mit dem Begriff Gemeinwesen. Es zerfällt nicht in Re-

---

[1] *Ehmke*, Wirtschaft und Verfassung 1961; *Hesse*, Grundzüge des Verfassungsrechts der Bundesrepublik Deutschland. Diese wiederum knüpfen an *Rudolf Smend, Hermann Heller, R. Bäumelin* und *W. Kägi* an.

[2] *Hesse*, Grundzüge S. 11; ähnlich *Ehmke*, Wirtschaft S. 21: „Grundgesetz als Grundordnung unseres freiheitlich-demokratischen Gemeinwesens".

[3] *Heller*, Staatslehre S. 228.

[4] *Heller*, Staatslehre S. 230.

[5] *Hesse* Grundzüge S. 8. *Böckenförde* spricht davon, daß es „heute als herrschende, wenn nicht sogar allgemeine Meinung (gilt), daß die Trennung von „Staat" und „Gesellschaft" im Zeichen der modernen Demokratie und der Entwicklung zum Sozialstaat praktisch überholt sei und theoretisch ihre Bedeutung verloren habe", in: Festgabe für W. Hefermehl 1972, S. 11.

gierte und Regierende[6], in Bürger einer privaten Gesellschaft und von diesen unabhängige Organe, sondern ist eine „Wirkungseinheit"[7], ein menschlicher Verband, in welchem sich „die in der Wirklichkeit menschlichen Lebens bestehende Vielheit der Interessen, Bestrebungen und Verhaltensweisen zu einheitlichem Handeln und Wirken verbinden, politische Einheit . . . bilden"[8] können.

Diese Einheit bedarf der Organisation, sie ist nichts Vorgegebenes. „Nur durch planmäßiges, bewußtes, d. h. aber organisiertes Zusammenwirken kann politische Einheit entstehen"[9]. Notwendig ist also rechtliche Ordnung und zwar nicht um der Ordnung willen, sondern um ein politisches Gemeinwesen zu bilden, politisch im Sinne guter, richtiger Ordnung, die die nach innen und außen gestellten Aufgaben löst.

Die Verfassung ist die rechtliche Grundordnung dieses Gemeinwesens. Sie ist „der grundlegende, auf bestimmte Sinnprinzipien ausgerichtete Strukturplan für die Rechtsgestalt des Gemeinwesens"[10].

2. Versteht man Verfassung wie beschrieben, so schafft sie auch die Grundlage und normiert die Richtlinien für die Gestaltung der Rechtsordnung der Wirtschaft. Sie kann nicht beschränkt werden auf staatliches Leben im hergebrachten Sinne, also auf Verfahrensordnung für die staatlichen Organe. Ihre Geltung ist auszudehnen auf den gesamten gesellschaftlichen Bereich.

Damit ist Vertragsfreiheit ein Verfassungsproblem, welches nicht zum Problem einer „Wirtschaftsverfassung" umgedeutet werden kann. Es kann sich nur darum handeln, „den Rahmen zu bestimmen, den die als Ganzes zu verstehende „Staats"-Verfassung der Gestaltung der Rechtsordnung der Wirtschaft"[11] und damit auch der Vertragsfreiheit als wirtschaftlicher Freiheit setzt. Dies bedeutet eine im einzelnen noch näher zu konkretisierende Absage an eine Aufwertung wirtschaftlich vorgefundener Fakten in Verfassungsrang[12].

II. Die Bedeutung der Grundrechte

1. Vor diesem Hintergrund ist das Verständnis der Grundrechte zu klären. Sie begründen die Stellung des Bürgers *im* Staat, d. h. sie ermöglichen es den Bürgern, das Gemeinwesen im geschilderten umfas-

---

[6] *Heller*, Staatslehre S. 231.
[7] *Heller*.
[8] *Hesse*, Grundzüge S. 5.
[9] *Hesse*, Grundzüge S. 9.
[10] *Hollerbach*, Ideologie S. 46.
[11] *Ehmke*, Wirtschaft S. 25.
[12] Siehe dazu im einzelnen den 3. Abschnitt, I.

senden Sinne zu schaffen. Dabei sind sie herkömmlich als subjektive Rechte zu verstehen, weil sie zur Abwehr von Angriffen staatlicher Gewalten gegen geschützte Grundpositionen des Bürgers berechtigen. Daneben sind die Grundrechte aber die wesentlichen „Strukturelemente"[13] der Verfassung eines Gemeinwesens. Und weil diese Verfassung Grundordnung ist, sind die Grundrechte zugleich „Elemente der Gesamtrechtsordnung des Gemeinwesens"[14], die die materialen Inhalte dieser Ordnung ebenso bestimmen, wie das Demokratie-, Sozialstaats- und Rechtsstaatsprinzip.

2. Die Bedeutung der Grundrechte als Strukturelemente der Gesamtrechtsordnung des Gemeinwesens kann zu dem Schluß verleiten, daß die Grundrechte als subjektive Rechte nicht nur gegen staatliche Organe geltend gemacht werden können, sondern zugleich Ordnungsgrundsätze für das soziale Leben darstellen, also direkt auf die Beziehungen der Bürger untereinander angewandt werden dürfen[15].

Eine solche Drittwirkung ist gerade wegen der gegenseitigen Abhängigkeit von Staatsgerichtetheit der Grundrechte einerseits und ihrer Bedeutung als objektive Elemente der Gesamtrechtsordnung andererseits abzulehnen. Staatsgerichtetheit bedeutet ja nicht nur Bindung von Einzelakten der Verwaltung und Rechtsprechung, sondern sehr viel wesentlicher Bindung der Gesetzgebung. Über den Gesetzgeber können in freiheitlicher Auseinandersetzung auf demokratischem Wege die Grundrechte sowohl als subjektive Rechte als auch als Elemente objektiver Ordnung verwirklicht werden. Deshalb kann erst die Beschränkung ihrer Geltung auf die Beziehungen der Bürger zu den staatlichen Organen ihre Verwirklichung als objektive Elemente der Rechtsordnung gewährleisten. Die direkte Anwendung der Grundrechte auf die Beziehungen der Bürger untereinander bliebe nämlich auf privater Ebene, also individuell. Jene durch die Staatsgerichtetheit gesicherte Umsetzung der Grundrechte für das Gemeinwesen, insbesondere in demokratischer Form nach Diskussion und politischer Auseinandersetzung, entfiele. Die Aufgabe der Bildung politischer Einheit des Gemeinwesens nach dem gegebenen Strukturplan Verfassung würde erst gar nicht in Angriff genommen. Der umfangreiche Prozeß menschlichen Zusammenwirkens, die „Entscheidungs- und Wirkungseinheit"[16], woraus schließlich das Gemeinwesen resultiert, würde bereits auf der Ebene der „Gesellschaft" abgebrochen werden, ohne politische Wir-

---

[13] *Ehmke*, Wirtschaft S. 23.
[14] *Hesse*, Grundzüge S. 122.
[15] So in Anlehnung an *Nipperdey* vor allem das Bundesarbeitsgericht: BAGE 1, 185 (193 f.); 1, 258 (262); 4, 240 (243); 4, 274 (276 ff.); 7, 256 (260); u. ö.
[16] *Heller*, Staatslehre z. B. S. 237.

kung entfalten zu können. Die „Drittwirkung" würde dazu führen, daß nun auch die Verwirklichung der Fundamentalrechte der gesellschaftlichen Selbstregulation mit den bekannten Nachteilen anheim fiele und ihre Bedeutung im demokratischen Prozeß der Selbstorganisation des Gemeinwesens verkümmerte. Daran ändert die Tatsache nichts, daß die Verwirklichung der Grundrechte bei Beziehungen Privater untereinander i. d. R. durch die Gerichte erreicht werden könnte. Diese würden zwar als Träger öffentlicher Gewalt in einem geringen Umfang aufgrund der Präjudizienwirkung ihrer Entscheidungen den Grundrechten wieder den Charakter von Elementen objektiver Ordnung geben. Das ist aber gerade nicht die Umsetzung dieser Grundrechte in einer freiheitlich-demokratischen Diskussion, wie sie umfassend durch die Gesetzgebung der Parlamente geleistet werden kann. Der „Justizstaat"[17] kann die politische Einheitsbildung nach der Verfassung, also Verfassungsverwirklichung, nicht leisten.

Diskussion des Problems Vertragsfreiheit (wie es hier formuliert wurde) aus verfassungsrechtlicher Sicht heißt bei diesem Verfassungsverständnis, daß bestimmt wird, wie weit die Verfassung Freiheit von Fremdbestimmung oder positiv formuliert Selbstbestimmung im Tauschverkehr jedermann durch das Medium der Privatrechtsordnung gewährleistet, welchen Rahmen sie insoweit der Privatrechtsordnung vorgibt. Verfassung als Grundlage der Gesamtrechtsordnung wird daraufhin befragt, wie sie die Lösung des Problems Beschränkungen der Vertragsfreiheit durch Vertragsfreiheit vorzeichnet. Es geht also primär um „Freiheit gegen Freiheit" und erst sekundär um „Staat gegen (bestehende) Rechte Einzelner"[18], weil erst zu klären ist, welchen Umfang wirtschaftliche Entfaltungsfreiheit als ein jedermann gegen den Staat zustehendes Recht hat, um feststellen zu können, ob es die Privatrechtsordnung als vom Staat gesetztes Recht auch jedermann einräumt.

Dies bedeutet für den konkret zu untersuchenden Bereich der Verträge mit AGB: Zu fragen ist, ob die Gewährung einer so weiten wirtschaftlichen Entfaltungsfreiheit durch die Privatrechtsordnung sich bei Berücksichtigung gesetzgeberischen Ermessens verfassungsrechtlich rechtfertigen läßt, wenn nur ein Partner mittels AGB den Inhalt des Vertrages gestalten kann. Anders formuliert lautet die Frage, ob die Privatrechtsordnung bei Berücksichtigung der Verfassung wirtschaftliche Entfaltungsfreiheit so einschränken kann, daß ein Partner auf die Gestaltung des Vertrages nur durch Unterwerfung Einfluß hat. Es geht also nicht um „Drittwirkung", d. h. Anwendung von Grundrechten der

---

[17] *Ehmke*, Wirtschaft S. 79.
[18] *Ehmke*, Wirtschaft S. 33.

Vertragspartner auf vertragliche Beziehungen, sondern um verfassungsrechtliche Konkretisierung menschlicher Handlungsfreiheit für einen bestimmten Wirklichkeitsbereich, an welche das Privatrecht und damit die Gestaltung menschlicher Beziehungen nach diesem Recht gebunden sind.

2. Abschnitt

Vertragsfreiheit und das Grundrecht auf freie Entfaltung der Persönlichkeit in Art. 2^I

I. Die Abhängigkeit eines Grundrechts Vertragsfreiheit vom Privatrecht

Für eine verfassungsrechtliche Lösung der Probleme der Vertragsfreiheit ist vorab zu klären, ob in Art. 2^I Vertragsfreiheit direkt verfassungsrechtlich verankert ist[19], oder ob dort allein allgemeine Selbstbestimmung auch für das private Recht gesichert wird[20, 21].

Die Vertragsfreiheit setzt in all ihren Erscheinungsformen, in denen sie auftritt, immer das Rechtsgeschäft Vertrag so voraus, wie es das Privatrecht gestaltet. Verwirklichung wirtschaftlicher Entfaltungsfreiheit mit dem Mittel des Vertrages bedarf also zunächst des Vertrages, der unzweifelhaft in seinen Ausgestaltungen nicht durch die Verfassung vorgezeichnet ist. Wenn daher die Verfassung die Vertragsfreiheit gewährleisten soll, muß sie beim Privatrecht eine „Anleihe"[22] machen, d. h. sie muß mit dem Begriff der Vertragsfreiheit deren privatrechtliche Gestalt übernehmen. Die Verfassung kann die Vertragsfreiheit überhaupt nur mit Hilfe der Privatrechtsordnung definieren, weil diese erst den Vertrag als rechtliches Gestaltungsmittel zuläßt. Für eine solche durch das Privatrecht bestimmte Vertragsfreiheit, würde sich folgendes Bild ergeben: Ein nach Art. 1^{III} auch für das private Recht bindendes Grundrecht, die Vertragsfreiheit des Art. 2^I, ist geprägt durch das Privatrecht. Die bindende Norm ist bestimmt durch die zu binden-

---

[19] So die wohl ganz h. M. Aus der Fülle der Literatur s. die oben im zweiten Teil Fn. 61 Genannten.

[20] So *Raiser*, 46. DJT, B, S. 1 ff.; *Flume*, LB 17 f., sowie *Hans Huber*, Bedeutung.

[21] Gegen die von *Bettermann* JZ 52, 65, *Werner Weber* in Die Grundrechte, Bd. II, 1954, S. 358, *Laufke*, Festschrift Lehmann, S. 156 sowie *Dürig, Maunz - Dürig - Herzog*, Art. 2^I Rdn. 53 geäußerte Auffassung, daß man Vertragsfreiheit nach der Art der Geschäfte aufteilen und dann jeweils speziellen Grundrechten wie Art. 12, 9, 14 zuordnen könne. *Nipperdey*, in: Die Grundrechte, Bd. IV/2 S. 886 (Fn. 594), *Flume*, LB S. 18 sowie *Hans Huber*, Bedeutung S. 10.

[22] *Hans Huber*, Bedeutung S. 8.

den Vorschriften. Der Vorrang der Verfassung auch vor dem Privatrecht wird durch eine einfache Begriffsübernahme überwunden. Der
selbständige Verfassungsbegriff „Entfaltung der Persönlichkeit" in
Art. 2^I wird durch niederrangige Theorie inhaltlich ausgefüllt. Selbstbestimmung im Bereich des Tauschverkehrs wäre damit zunächst festgelegt auf die Möglichkeiten des vorhandenen Privatrechts.

Dieser Vorgang der Rezeption von Niederrangigem in der Verfassung erscheint auf den ersten Blick durchaus legitim, da juristische Be-
grifflichkeit i. d. R. nicht nach Rechtsbereichen abgeschichtet ist. Außerdem muß das Verfassungsrecht als junge Disziplin und mit einer für
jede Verfassung typischen Offenheit der Begriffe („Menschenwürde",
„Entfaltung der Persönlichkeit") auf bereits klarer strukturierte Kate-
gorien zurückgreifen. Dennoch bestehen bei der Ausfüllung des Grundrechts des Art. 2^I durch Übernahme der Vertragsfreiheit in die Verfassung erhebliche Bedenken[23].

Wenn der rezipierte niederrangige Rechtsbereich der Struktur der
Verfassungsnorm, die er ausfüllen soll, sehr nahe kommt, ist die Möglichkeit besonders groß, daß all das, was eigentlich nicht auf Verfassungsebene ausgebildet wurde, in diese hinaufgehoben wird. Diese „qua-
litätsverändernde Transformation"[24] ist im hier untersuchten Bereich
einfach: Wie in der Einleitung ausgeführt wurde, besteht die Verbindung zwischen Vertragsfreiheit und Verfassung darin, daß sowohl mit
Hilfe der Vertragsfreiheit in einem bestimmten Bereich menschlicher
Beziehungen als auch durch Art. 2^I allgemein, Selbstbestimmung verwirklicht werden soll. Da aber, und das ist das Wesentliche, die Bestimmung des Inhalts der Selbstbestimmung auf der Ebene niederrangiger Rechtsbereiche wegen der langen Entwicklung des Privatrechts
sehr weit fortgeschritten ist, bleibt nach der Rezeption keine oder nur
geringe Einwirkungsmöglichkeit der Verfassung auf die Gestalt der
Selbstbestimmung. Die Feststellung, daß „der Inhalt dieser Freiheit
(des Art. 2 I) . . . gegenüber der bürgerlich-liberalen Auffassung eine
Wandlung erfahren"[25] (hat), ist vor diesem Hintergrund solange ohne
rechtsgestaltende Bedeutung, als die Eigenständigkeit der Verfassung
keine Berücksichtigung findet.

Am konkreten Beispiel der AGB kann die Problematik der Übernahme der Vertragsfreiheit in die Verfassung verdeutlicht werden.
Wie sich aus dem Vorverständnis der h. M. zu dem Problem AGB er-

---

[23] Hierzu und zum folgenden vgl. vor allem *Otto Majewski*, Auslegung der
Grundrechte durch einfaches Gesetzesrecht? Berlin 1971 und *Leisner*, Verfassungsmäßigkeit.

[24] *Leisner*, Verfassungsmäßigkeit S. 42.

[25] *Wolf*, Entscheidungsfreiheit S. 20.

gibt, ist in der Privatrechtstheorie die Wahrung der Vertragsfreiheit
bei Verträgen mit AGB abgeklärt. Nur ein Vertragsbeteiligter kann
seine Vertragsfreiheit voll entfalten, wenn auch gelegentlich beschränkt
durch eine Inhaltskontrolle, während der andere fremdbestimmt ist
bzw. bei ihm von Selbstbestimmung nurmehr in verstümmelter Form
die Rede sein kann; seine Vertragsfreiheit wird nicht thematisiert. Auf
der Ebene des Privatrechts, so wie es durch Rechtsprechung und Wissenschaft gestaltet ist, ist ein Problem der Selbstbestimmung im Bereich des Tauschverkehrs in einem ganz bestimmten Sinne entschieden:
Selbstbestimmung beim Vertragsschluß mit AGB wird für denjenigen,
der sich den AGB unterwerfen muß, nicht gefordert, seine Vertragsfreiheit findet keine Beachtung. Wirtschaftliche Entfaltungsfreiheit, die
als Prinzip unteilbar ist, wird in der Form der Vertragsfreiheit zu Lasten einer Vielzahl von Bürgern bereits im Privatrecht verkürzt und
zwar durch eine theoretische Entwicklung, die beeinflußt ist durch eine
traditionelle wirtschaftliche Praxis.

Die Annahme, daß in Art. 2^I die Vertragsfreiheit gesichert sei, bedeutet dann nichts anderes als daß Selbstbestimmung in der Form der
Vertragsfreiheit so verkürzt auf Verfassungsebene transformiert wird,
wie sie im Privatrecht entwickelt wurde. Es findet eine Festlegung der
Verfassung auf Inhalte statt, von denen Privatrechtstheorie und Rechts-
sprechung vor dem Inkrafttreten des Grundgesetzes bereits ausgingen,
ohne zu prüfen, ob vertraglicher Verkehr in der Form wie er vor 1949
als zulässig angesehen wurde, nach der neuen Verfassungslage noch
möglich ist. Die Folge ist eine Entwertung des verfassungsrechtlichen
Bekenntnisses zur freien Entfaltung der Persönlichkeit. Praktisch geht
es nur darum, das Geschäftsbedingungswesen zu erhalten. Die Frage
der Entfaltungsfreiheit auch derjenigen, auf deren Kosten dies geschieht, stellt sich auf der Verfassungsebene nicht mehr: Die Manife-
station der Selbstbestimmung in Art. 2^I ist durch die Übernahme von
Niederrangigem so vorbestimmt, daß die Verfassung nicht auf nieder-
rangiges Recht zurückwirken kann. Die Verfassung läuft leer, weil ihr
ein *verfassungsrechtlicher* Inhalt überhaupt nicht gegeben, bzw. die
Möglichkeit, einen solchen zu finden, von vornherein verneint wird[26].

II. Das Verhältnis der Schrankentrias des Art. 2^I
zu einem Grundrecht Vertragsfreiheit

Die Abhängigkeit einer verfassungsrechtlichen Gewährleistung der
Vertragsfreiheit vom Privatrecht und niederrangiger Rechtstheorie
wird auch bei Anwendung des Soweitsatzes des Art. 2^I in der Inter-

---

[26] So z. B. *Raiser*, 46. DJT, B, S. 18.

pretation, die er durch Wissenschaft und Rechtsprechung erfahren hat, deutlich. An dieser Begrenzung durch Art. 2^{I} zeigt sich der fehlende verfassungsrechtliche Inhalt eines Grundrechts Vertragsfreiheit und der damit verbundene Leerlauf der Verfassung.

Nach der klassisch-liberalen Theorie ist das Individuum nur in bestimmten Fällen in der Freiheit, sich zu entfalten beschränkt und beschränkbar. Es soll frei sein, so zu leben wie es will, so lange es nicht in die Rechte anderer eingreift. Jeder Mensch schuldet der Gesellschaft nur über den Teil seines Verhaltens Rechenschaft, bei dem es um das Wohl oder Wehe anderer geht[27].

Diese im Grunde für menschliches Zusammenleben selbstverständliche Beschränkung der Entfaltungsfreiheit bringt der Soweitsatz des Art. 2^{I} zum Ausdruck. Die von Art. 2^{I} „aufgefangenen" Freiheitsbetätigungen sind daher nicht als unbegrenzte, aber begrenzbare, sondern als von vornherein nur beschränkt gewährleistete zu verstehen[28]. Entfaltungsfreiheit ist also, „rechtliche, d. h. begrenzte, aber in ihren Grenzen geschützte, nicht abstrakte und unbegrenzte" natürliche „Freiheit"[29].

1. Von den in Art. 2^{I} genannten Beschränkungen erscheint die durch die Rechte anderer unproblematisch. Übereinstimmend werden dazu alle subjektiven privaten und öffentlichen Rechte sowie Anwartschaften der Mitmenschen gezählt[30]. Bei unbefangener Betrachtung würde dies bedeuten, daß die Verwirklichung freier Entfaltung in der Form der Vertragsfreiheit auch durch die Rechte des Vertragspartners und damit dessen grundrechtlich gesicherte Vertragsfreiheit bestimmt ist.

Ohne nähere Begründung versteht *Dürig* „unter den „Rechten anderer", an denen die Vertragsfreiheit ihr Ende findet, ... vornehmlich die absoluten und relativen Rechte der am Vertrag unbeteiligten „Dritten""[31]. Damit scheiden die *Grund*rechte des Vertragspartners und damit auch seine Vertragsfreiheit als Beschränkung der Vertragsfreiheit des anderen Partners aus.

Letztlich hat dieses Verständnis der Rechte anderer seine Ursache in der Prämisse, daß Art. 2^{I} Vertragsfreiheit gewährleistet. Sie ist

---

[27] *John St. Mill*, On Liberty (Die Freiheit), Neudruck der Wiss. Buchgesellschaft 1967, S. 237.

[28] *Hamann - Lenz* S. 141; *Dürig* in *Maunz - Dürig - Herzog* Art. 2 I Rdn. 12.

[29] *Hesse*, Grundzüge S. 171.

[30] z. B. *Dürig* in *Maunz - Dürig - Herzog*, Art. 2^{I} Rdn. 13; *Laufke*, Festschrift Lehmann, S. 169; *v. Mangoldt - Klein* S. 177; *Hamann - Lenz* S. 141 f.

[31] *Dürig* in *Maunz - Dürig - Herzog*, Art. 2^{I} Rdn. 55 und davor allgemein Rdn. 12 a. E.

nur als eine typisch privatrechtliche Freiheit vorstellbar, weshalb ihre
Beschränkung durch ein Grundrecht Vertragsfreiheit des Vertragspartners wie die direkte Anwendung von Verfassungsrecht auf die privaten Beziehungen zweier Bürger erscheint. Es würde also unbeachtet
bleiben, daß die Grundrechte staatsgerichtet sind. Diese Drittwirkung
lehnt *Dürig* jedoch ab[32], so daß für ihn Vertragsfreiheit des jeweils anderen Vertragspartners niemals zu den Rechten anderer im Sinne des
Art. 2$^\mathrm{I}$ gehören kann. Folgt man aber der Auffassung *Dürigs*, so muß
man eine Ausnahme von dem unumstrittenen Grundsatz machen, daß
Freiheit nur soweit besteht, als nicht Rechte anderer verletzt werden.
Eine solche Differenzierung ist aus dem klaren Wortlaut des Art. 2$^\mathrm{I}$
nicht herzuleiten. Daraus kann jedoch nicht gefolgert werden, daß das
Verbot der Drittwirkung falsch ist. Zur Annahme einer unzulässigen
Drittwirkung gelangt man eben nur, wenn man durch Herleitung eines
*Grund*rechts Vertragsfreiheit die Freiheit des Art. 2$^\mathrm{I}$ inhaltlich durch
den niederrangigen Rechtsbereich Privatrecht vorbestimmt. Nur durch
die Übernahme des Privatrechtsbegriff Vertragsfreiheit auf Verfassungsebene wird aus der Begrenzung durch Rechte anderer, aus der
Frage, wieviel Entfaltungsfreiheit die Verfassung im Tauschverkehr
jedermann gewährleistet, aus dem Problem „Freiheit gegen Freiheit"
ein Problem „Grundrechte im Privatrecht". Fragwürdig ist also nicht
das Verbot der Drittwirkung, sondern die Annahme, daß Art. 2$^\mathrm{I}$ konkret Vertragsfreiheit statt Selbstbestimmung im wirtschaftlichen Bereich gewährleisten soll.

2. a) Bei der „verfassungsmäßigen Ordnung" spielt die bis heute
umstrittene Interpretation dieser Begrenzung der Entfaltungsfreiheit
eine gewisse Rolle für die Frage ihres Verhältnisses zu einer verfassungsrechtlich gewährleisteten Vertragsfreiheit[33]. Um dies zu verdeutlichen, werden in folgendem, ohne auf den gesamten Streitstand einzugehen, dargestellt

aa) die Auffassung des BVerfG und zwar konkret angewendet auf
eine in Art. 2$^\mathrm{I}$ gesicherte Vertragsfreiheit sowie

bb) die Meinungen derjenigen, die auf der Basis einer vom Verfas-
sungsgericht abweichenden Ansicht die Beschränkung der Vertragsfreiheit behandeln.

aa) Für das BVerfG ist verfassungsmäßige Ordnung im Sinne des
Art. 2$^\mathrm{I}$ die verfassungsmäßige Rechtsordnung, d. h. die Gesamtheit
der Normen, die formell und materiell der Verfassung gemäß sind[34].

---

[32] Grundlegend in Festschrift für Nawiasky 1956, S. 157.
[33] Zum Streitstand siehe *Hesse*, Grundzüge S. 171 f.
[34] BVerfGE 6, 32 (37 ff.).

Die durch diese Interpretation scheinbar bewirkte Herbeiführung eines allgemeinen Gesetzesvorbehalts und damit des Leerlaufs dieses Grundrechts wird verhindert, indem auf den letzten Bereich unantastbarer menschlicher Freiheit als Wesensgehalt des Art. 2^I verwiesen wird, in welchen wegen Art. 19^{II} nicht eingegriffen werden könne[35].

Aufgrund dieses weiten Begriffs von Ordnung fällt darunter auch die Privatrechtsordnung mit ihren zahlreichen formellen und materiellen Begrenzungen der Vertragsfreiheit. Diese wären Grenzen, innerhalb derer die Verfassung die Vertragsfreiheit gewährleistet, wobei allerdings ihre formelle und materielle Verfassungsmäßigkeit Voraussetzung ist.

Wegen der Weite der Begrenzungsmöglichkeiten durch einfaches Gesetz müßte nach dem BVerfG auch der letzte unantastbare Bereich der Vertragsfreiheit herausgearbeitet werden, damit die absolute Eingriffsgrenze feststeht.

bb) Entgegen der Definition des BVerfG versteht *Dürig* unter verfassungsmäßiger Ordnung eine Klausel, die dazu dienen soll, alle jene Gemeinwohlforderungen als Bindung der freien Entfaltung zu verwirklichen, deren Realisierung die Verfassung fordert[36]. Bezogen auf die Vertragsfreiheit zählt Dürig zu diesen Gemeinwohlforderungen zunächst die „Sozialentscheidung des Grundgesetzes"[37] in Art. 20^I und Art. 28^I. Außerdem bedeute das Grundrecht der Vertragsfreiheit die Befugnis der Privatrechtssubjekte dem Staat gegenüber, sich untereinander rechtsverbindlich „vertragen" zu dürfen. Deshalb gehöre zu den die Vertragsfreiheit beschränkenden Gemeinwohlforderungen das „traditionelle Ordnungsgefüge unseres Zivilrechts"[38] mit den Beschränkungen z. B. durch Regeln zur Geschäftsfähigkeit, durch Formvorschriften, Publizitätserfordernisse, numerus clausus der dinglichen Rechte und Typenfestlegungen. Die Rechtfertigung dieser traditionellen Beschränkungen der Vertragsfreiheit sei bedenkenlos in der elementaren Gemeinwohlforderung einer rechtstechnisch funktionierenden Gegenseitigkeitsordnung zu sehen[39].

Nicht zu verwechseln mit der soeben dargestellten Beschränkung der Vertragsfreiheit durch Gemeinwohlforderungen ist die Grenze, die *Nipperdey* der Vertragsfreiheit durch das Gemeinwohl setzt. Zwar rechnet auch er das Sozialstaatsprinzip zur verfassungsmäßigen Ord-

---

[35] BVerfGE 6, 32 (40 f.); 6, 389 (433); 8, 274 (328 f.).
[36] *Dürig* bei *Maunz - Dürig - Herzog* Art. 2^I Rdn. 19.
[37] Ebd. Rdn. 24 a. E. und Rdn. 60.
[38] Ebd. Rdn. 59.
[39] Ebd. Rdn. 59.

4*

nung und damit zu den Beschränkungen der Vertragsfreiheit[40]. Dagegen sieht er in der Grenze der verfassungsmäßigen Ordnung einen Gemeinwohlvorbehalt, der im Grunde weniger zur Bestimmung des Umfanges der Vertragsfreiheit als zur Beschränkung staatlicher Eingriffe einer sehr weit verstandenen Vertragsfreiheit dient[41]: So soll die Klausel „verfassungsmäßige Ordnung" Beschränkungen nur dann gestatten, wenn „überragende Forderungen des Gemeinwohls" es erfordern, also wenn dem Gemeinwohl gegenüber den Freiheitsinteressen des einzelnen eindeutig das entscheidende und maßgebende Übergewicht zukommt und der Eingriff unabdingbar geboten ist[42].

Zu ähnlichen Ergebnissen wie *Dürig*, kommt *Laufke* mit seiner Deutung des Begriffes verfassungsmäßige Ordnung[43]. Für ihn sind damit die allgemeinsten tragenden Strukturprinzipien und die staatliche Grundordnung in ihren wesentlichen Rechtsätzen gemeint[44]. Dabei soll die staatliche Grundordnung das gleiche bedeuten, was nach *Klein* die „materielle Verfassung" ist[45], nämlich die obersten Sätze der nichtverfassungsrechtlichen Teilrechtsordnungen, zu denen unter anderen die bürgerliche Gewerbe-, Arbeits- und Wirtschaftsordnung gehören[46]. Damit sind für *Laufke* die Grundprinzipien unserer Zivilrechtsordnung bzw. des Vertrags- und Schuldrechts Mittel zur Ausgestaltung der grundrechtlichen Vertragsfreiheit. Da *Laufke* zusätzlich das Sozialstaatsprinzip zur verfassungsmäßigen Ordnung zählt ergeben sich auch insoweit keine Unterschiede zur Auffassung *Dürigs*.

b) Erkennt man nun, daß Vertragsfreiheit sich nur mit Hilfe der Rechtsordnung außerhalb der Verfassung erklären läßt, dann bedeutet ihre Erhebung zum Grundrecht die Bedeutungslosigkeit der Begrenzung „verfassungsmäßige Rechtsordnung" insoweit, als darunter die Privatrechtsordnung, das „traditionelle Ordnungsgefüge unseres Zivilrechts", die obersten Sätze der nichtverfassungsrechtlichen Teilrechtsordnungen verstanden werden. Was soll eine solche Begrenzung, nachdem Vertragsfreiheit nur aus diesen Rechtsbereichen gekommen sein kann und zwar so, wie sie durch die Begrenzung erst auszugestalten ist? Sie ist ohne Sinn. Dies hat für den materiellen Inhalt eines Grundrechtes Vertragsfreiheit erhebliche Konsequenzen. Weil die Begrenzung nicht als nachträgliche Schranken einer zunächst unbeschrän-

---

[40] *Nipperdey* in Die Grundrechte Bd. IV/2 S. 805 u. 902.
[41] Ebd. S. 888.
[42] Ebd. S. 814.
[43] *Laufke*, Festschrift Lehmann.
[44] Ebd. S. 176 in Anlehnung an *Maunz* (Fn. 121).
[45] *v. Mangoldt - Klein* S. 25.
[46] *Laufke*, Festschrift Lehmann S. 176.

ten absoluten Freiheit zu verstehen ist, sondern das Grundrecht verfassungsgemäß ausformen soll, wird durch den Leerlauf der Schranke das Grundrecht Vertragsfreiheit verfassungsrechtlich inhaltlos. Auch dies spricht gegen ein Grundrecht Vertragsfreiheit.

Nur scheinbar verbürgt die Begrenzung eines Grundrechts Vertragsfreiheit durch das Sozialstaatsprinzip einen verfassungsrechtlichen Inhalt des Grundrechts. Mit der Übernahme der Vertragsfreiheit in die Verfassung ist zunächst die hergebrachte privatrechtliche Entfaltungsfreiheit grundrechtlich abgesichert, eine bestimmte Gestalt ist ihr bereits vorgegeben. Damit wird von vornherein die „Beweislast" für die Notwendigkeit verfassungsrechtlicher Korrekturen mittels der Sozialentscheidung des Grundgesetzes an diesem Privatrechtsgebilde demjenigen aufgebürdet, der den verfassungsrechtlichen Gehalt dieser Vertragsfreiheit bestimmen will. Praktisch ist ein Vorrang des Privat- vor dem Verfassungsrecht immanent gesichert, der nur ganz ausnahmsweise durchbrochen werden kann.

3. Weitere Einwände bestehen, wenn man die Begrenzung eines Grundrechts Vertragsfreiheit durch das Sittengesetz betrachtet. Zwar ist auch der Inhalt dieses Begriffes streitig[47]. Für den Bereich der Vertragsfreiheit ist jedoch eine an die Auffassung *Dürigs* anknüpfende Meinung verbreitet. Nach dieser deckt sich der Begriff Sittengesetz mit den altbewährten und praktikablen Rechtsbegriffen „gute Sitten", „Treu und Glauben"[48]. Ähnlich nimmt *Laufke* an, daß das Sittengesetz mit den „guten Sitten" der §§ 138, 826 BGB, § 1 UWG identisch ist[49].

Die Fragwürdigkeit eines Grundrechts Vertragsfreiheit ergibt sich nun, wenn man die Deutung dieser Klauseln des Zivilrechts durch Rechtsprechung und Lehre in die Überlegung einbezieht. Sie werden als wertausfüllungsfähig und -bedürftig angesehen, wobei sich der Wertgehalt nicht zuletzt aus den Grundrechten der Verfassung ergeben soll[50]. Ist nun in Art. 2^I Vertragsfreiheit als Grundrecht gesichert, ergibt sich ein Zirkel: Das Grundrecht wird durch Sittennormen gestaltet, die aufgrund der „mittelbaren Drittwirkung" ihren Inhalt durch die Grundrechte, also auch durch das der Vertragsfreiheit erhalten haben.

Zusammenfassend läßt sich sagen: Die heute übliche Auslegung des Soweitsatzes des Art. 2^I, angewandt auf ein Grundrecht Vertragsfrei-

---

[47] Vgl. die Darstellung bei *Hamann - Lenz* S. 143.
[48] *Dürig* in *Maunz - Dürig - Herzog* Art. 2^I Rdn. 16.
[49] *Laufke*, Festschrift Lehmann S. 179.
[50] Vgl. vor allem die Darstellung bei *Dürig* in *Maunz - Dürig - Herzog* Art. 1 III Rdn. 132 und BVerfGE 7, 198 („Lüth"-Urteil).

heit bestätigt die unter I. festgestellte verfassungsrechtliche Inhaltlo-
sigkeit eines solchen Grundrechtes. Auch die Begrenzungen können
nichts zur Erfüllung der Vertragsfreiheit mit verfassungsrechtlichem
Inhalt leisten, sondern lassen den privatrechtlichen Gehalt unangetastet
und bewahren die hergebrachte traditionelle Form der Vertragsfreiheit. Die Grenzen werden bedeutungslos, weil die Vertragsfreiheit erst
in ihrer Bestimmung durch die Gesetze vorstellbar wird und nur in dieser bestimmten Form in die Verfassung übernommen werden könnte.
Vor allem dieses letzte Argument, also weniger die hier für entscheidend gehaltenen materiellen Bedenken der Bestimmung des Verfassungsrechts durch das Privatrecht, haben in der Literatur zur Über-
prüfung der Auffassung von der grundrechtlichen Sicherung der Vertragsfreiheit geführt. Eine besondere Statuierung der Vertragsfreiheit
und die Gegenüberstellung der Rechtsordnung in der Form, daß Inhalt und Schranken der Vertragsfreiheit durch die Gesetze bestimmt
werden, besagt nichts, weil es notwendig ist, ein Grundrecht Vertragsfreiheit nach Maßgabe der Rechtsordnung zu bestimmen. Deshalb wird
heute z. T.[51] die Annahme der Sicherung der Vertragsfreiheit in Art. 2^I
abgelehnt.

III. Das Grundrecht auf Selbstbestimmung
im wirtschaftlichen Bereich

Die grundrechtliche Sicherung der Vertragsfreiheit wird also fragwürdig, weil ihr ein verfassungsrechtlicher Gehalt nicht gegeben werden kann. Die Notwendigkeit, sie mit Hilfe der Privatrechtsordnung
und -theorie überhaupt vorstellbar zu machen, hat bedenkliche materielle Konsequenzen, weil verfassungsrechtlich gewährleistete Entfaltungsfreiheit durch unter der Verfassungsnorm stehende Bereiche ver-
fälscht werden kann, ja ohne verfassungsrechtlichen Inhalt bleiben
muß. Die Hypostasierung der Vertragsfreiheit als ein in Art. 2^I ge-
währleistetes apriorisches Freiheitsrecht[52] ist daher zu überdenken.

1. Auszugehen ist von der in der Rechtslehre seit Jahrzehnten ge-
bräuchlichen Definition der Privatautonomie: Privatautonomie ist das
Prinzip der Selbstgestaltung der Rechtsverhältnisse durch den einzelnen nach seinem Willen[53]. Die Vertragsfreiheit beinhaltet nach dieser
Definition dasselbe, nur beschränkt auf einen Teilbereich der Rechtsverhältnisse: Vertragsfreiheit ist das Prinzip der Selbstgestaltung der
Rechtsverhältnisse zu anderen Rechtssubjekten, die durch Verträge zu-

---

[51] Siehe die in Fn. 20 Genannten.
[52] So *Flume*, LB S. 17.
[53] *Flume*, LB S. 1, *F. v. Hippel*, S. 57 ff., S. 62.

stande kommen, wobei diese Selbstgestaltung durch den einzelnen nach seinem Willen erfolgt.

Die Analyse der Definition ergibt, daß sie aus zwei Komponenten besteht. Einmal enthält sie das Merkmal der willkürlichen Selbstgestaltung. Dies ist das Moment, welches die enge Verbindung zum Verfassungsrecht herstellt und in der von diesem geprägten Terminologie als Selbstbestimmung bezeichnet werden kann. Zum anderen ist das Merkmal Selbstbestimmung bezogen auf die Rechtsverhältnisse, bei deren Gestaltung sich die Selbstbestimmung verwirklicht.

Der entscheidende Gesichtspunkt ist nun, daß Rechtsverhältnisse — auch Verträge — nichts Naturgegebenes sind, sondern zu ihrer Entstehung des Rechts, also einer Rechtsordnung bedürfen. Nur innerhalb einer Rechtsordnung sind Rechtsverhältnisse überhaupt denkbar. Diese Ordnung gab vor dem Inkrafttreten des Grundgesetzes und gibt auch heute noch das Privatrecht. Selbstbestimmung des einzelnen in der Form der Vertragsfreiheit bedarf also aufgrund ihres Bezugs zu Rechtsverhältnissen immer der Privatrechtsordnung, ist also ohne sie nicht vorstellbar[53a].

Geht man von diesen Erkenntnissen aus, so lichtet sich die Verwirrung um die angeblich in Art. 2^I GG gewährleistete Privatautonomie und Vertragsfreiheit. Die Verfassung sichert grundrechtlich in Art. 2^I die Entfaltungsfreiheit jedes Bürgers und zwar auch als Selbstbestimmung im wirtschaftlichen Bereich. Die Privatrechtsordnung, die die Rechtsbeziehungen zwischen den Bürgern regelt, gibt aber dieser Form der Selbstbestimmung erst eine bestimmte Gestalt und zwar allgemein als Privatautonomie und für die vertraglichen Beziehungen als Vertragsfreiheit[53b]. Selbstbestimmte Gestaltung der Beziehungen des einzelnen zu seinen Mitmenschen im wirtschaftlichen Bereich, wie sie durch die Verfassung gestattet ist, wird erst durch das private Recht geformt. Art. 2^I beinhaltet damit nur die „grundsätzliche Respektierung der Selbstbestimmung des einzelnen im Rechtsleben"[54], nicht jedoch legt er eine bestimmte durch das Privatrecht vorgegebene Form der Selbstbestimmung z. B. als herkömmliche Vertragsfreiheit fest.

Es ist andererseits völlig klar, daß der Grundgesetzgeber, das bis zum Inkrafttreten des Grundgesetzes geltende Privatrecht nicht vollständig außer Kraft setzen wollte, d. h. die bestehenden Ausformungen des

---

[53a] Diese zunächst von *Flume* aufgestellte These bezeichnet *H. P. Westermann*, Typengesetzlichkeit S. 27 als „jetzt weithin anerkannt".

[53b] So jetzt auch *D. Reuter*, Schranken S. 36: „Privatautonomie ist aber nicht Bestandteil der Selbstbestimmung, sondern lediglich die der Selbstbestimmung gemäße Technik der Rechtsetzung".

[54] *Flume*, LB S. 19.

Selbstbestimmungsrechts im wirtschaftlichen Bereich wurden zunächst übernommen. Daraus kann jedoch keine Erhebung der bestehenden Privatrechtsordnung in Verfassungsrang, wie sie im Grunde durch die Übernahme der Vertragsfreiheit in das Grundgesetz für diesen Bereich geschieht, abgeleitet werden[55]. Vielmehr wird Selbstbestimmung im wirtschaftlichen Bereich nur deshalb in der Form der klassischen Vertragsfreiheit gedacht, weil das geltende Privatrecht sie traditionell so ausgestaltet. Wollte der Gesetzgeber diese Tradition brechen, so wäre er durch das Grundgesetz nicht daran gehindert, sofern er die in Art. 2^I gewährleistete wirtschaftliche Selbstbestimmung respektiert[56]. Diese Betrachtungsweise wird nicht dadurch falsch, daß andere als die gegenwärtig bestehenden Formen der Selbstbestimmung im wirtschaftlichen Bereich heute nicht oder nur schwer vorstellbar sind. Das Unvermögen sich andere rechtliche Möglichkeiten vorzustellen, ist letztlich durch die rechtliche Tradition hervorgerufen. Aus diesem Unvermögen kann nicht geschlossen werden, daß wirtschaftliche Selbstbestimmung nur in der Form der Vertragsfreiheit, wie sie das geltende Privatrecht vorsieht, möglich ist.

2. Es ist also davon auszugehen, daß die Gleichsetzung von Selbstbestimmung im wirtschaftlichen Bereich mit Vertragsfreiheit nicht richtig ist[57]. Zwischen Verfassung und Privatrecht besteht bezogen auf die Vertragsfreiheit vielmehr ein Verhältnis von Grundsatz, — d. h. Selbstbestimmung — und Ausformung dieses Grundsatzes, — d. h. Vertragsfreiheit[58] —.

Die Ausformung ist dabei inhaltlich an den Grundsatz, d. h. das Privatrecht ist an die Verfassung gebunden. Diese Trennung war man bisher nicht in der Lage zu vollziehen. Dies ist erstaunlich wenn man berücksichtigt, wie klar man bisher Privatrecht von Verfassungsrecht schied, um Einwirkungen der Verfassung auf das Privatrecht zu verhindern. Über Gefahren für das Verfassungsrecht, wenn man die Trennung im umgekehrten Sinn nicht vornimmt, hat man sich bisher kaum Gedanken gemacht.

Diese „Einseitigkeit" wurde auch nicht von denjenigen überwunden, die die Zusammenhänge zwischen Verfassung und Privatrecht im Bereich der Vertragsfreiheit grundsätzlich richtig erkannten[59]. Auch diese

---

[55] Gegen ein solches „Festschreiben" des Privatrechts auch *Flume*, LB S. 18.
[56] *Flume*, LB S. 18.
[57] Gegen die Gleichsetzung auch *Mückenberger*, KJ 71, 251 in Anlehnung an *Max Weber*.
[58] Vgl. hierzu *Göldner*, Verfassungsprinzipien u. Privatrechtsnorm in der verfassungskonformen Auslegung und Rechtsfortbildung 1969, vor allem § 3.
[59] Siehe Fn. 20.

Autoren gehen noch davon aus, daß das Privatrecht die Selbstbestimmung in ihrem Umfang und ihren Grenzen inhaltlich bestimmt. Das
Privatrecht soll also Selbstbestimmung nicht nur nach einer zumindest
grob vorgegebenen verfassungsrechtlichen Skizze ausformen, sondern
auch selbständig inhaltlich ausfüllen. Dabei bleibt als letzte Grenze
allein der Kernbereich, der in Art. 2ᴵ gewährleisteten Selbstbestimmung.
Zusätzlich wird eine Bindung an die allgemeine Wertordnung des
Grundgesetzes bei der Gestaltung des Privatrechts angenommen.

Von daher kann aber die Verwirklichung der spezifisch verfassungsrechtlichen Selbstbestimmung nicht erreicht werden, weil nur der
Kernbereich der Selbstbestimmung im wirtschaftlichen Bereich verfassungsrechtlich bestimmt wäre. Dessen Konkretisierung wird jedoch
nicht vorgenommen. Die grundsätzliche Gewährleistung der Selbstbestimmung in der Verfassung bleibt daher ohne konkrete Folgen, das
Privatrecht bestimmt weiter autonom deren Inhalt bei den vertraglichen Beziehungen der Bürger untereinander.

Für diese Fehlentwicklung ist die traditionelle Festlegung auf bestimmte Formen von Selbstbestimmung im wirtschaftlichen Bereich
verantwortlich. So geht z. B. *Raiser* ausdrücklich von dem „in langer
geschichtlicher Entwicklung gewachsenen Gefüge von Rechtsinstituten
und Rechtsnormen" als für die Verfassung verbindlich aus[60] und *Huber*
spricht gar von der dem „Bürgerlichen Recht innewohnenden Berufung"[61], die Vertragsfreiheit auszumessen. Diese Bindung an Herge-
brachtes ist durch die Schwierigkeiten der Entwicklung von Alterna-
tiven erklärlich. Dadurch vermag jedoch der Bruch mit dem Vorrang
der Verfassung nicht gerechtfertigt zu werden, soweit die Verfassung
selbst für die Entfaltungsfreiheit im wirtschaftlichen Bereich verwert-
bare Aussagen macht. Daß sie das kann, wird allerdings von den genannten Autoren verneint. Die Handlungsfreiheit des einzelnen Bürgers sei „kaum faßbar"[62]; aus der Verfassung ergäben sich „keine konkreten Folgerungen für den Inhalt der Privatrechtsordnung, abgesehen
von der Grundentscheidung unserer Verfassung für eine Privatrechtsordnung"[63]. Diese inhaltliche Beschränkung der Verfassung bleibt un-
begründet und damit eine Behauptung, die bewußt oder unbewußt dazu dient, eine verfassungsgemäße Fortentwicklung des Privatrechts zu
verhindern.

Demgegenüber soll im folgenden Abschnitt anhand der Probleme der
Vertragsfreiheit im Bereich der AGB versucht werden, Selbstbestim-

---

[60] *Raiser* 46. DJT, B S. 19.
[61] *Hans Huber*, Bedeutung S. 20.
[62] *Raiser*, 46. DJT, B S. 18.
[63] *Flume*, LB S. 18.

mung zu konkretisieren. Entsprechend meinem oben dargelegten Vorverständnis, geht es um die Frage, ob die vorgefundenen Formen von
Selbstbestimmung verfassungsrechtlich zu legitimieren sind. Dazu werden verfassungsrechtliche und außerverfassungsrechtliche Argumente
dargestellt, die die heute üblichen Möglichkeiten von wirtschaftlicher
Entfaltungsfreiheit bei Verträgen mit AGB rechtfertigen könnten. Dadurch soll versucht werden, die Konturen und damit eine zumindest
grobe für das Privatrecht bindende Skizze des Grundrechts des Art. 2^{I}
sichtbar zu machen.

3. Abschnitt

Der Umfang wirtschaftlicher Selbstbestimmung

I. Selbstbestimmung und „Wirtschaftsverfassung"

Als Legitimation für die beschränkte Selbstbestimmung desjenigen,
der die AGB hinnehmen muß, wurde das Rationalisierungsargument
abgelehnt, weil die angeblich vom Sachzwang gebotene Regelung als
durch Interessen geprägt erkannt wurde[64]. Zu fragen bleibt aber, ob
nicht die Interessen des Aufstellers selbst die vorgefundenen Formen
der Selbstbestimmung gebieten. Anders ausgedrückt: Kann die Rechtsordnung Selbstbestimmung des einen Vertragspartners so weit einschränken, weil diese Ausformung durch wirtschaftliche Bedürfnisse
des anderen Vertragspartners zu rechtfertigen ist, nämlich durch die
unternehmerischen Ziele Rentabilität, Substanzerhaltung und Expansion?

1. Eine solche Rechtfertigung findet sich bereits bei Raiser[65]. Das
Ziel des Unternehmers, „nach der höchsten ... erreichbaren Nutzwir-
kung seines Betriebes zu streben", ist nicht nur eine „Triebfeder zur
Schaffung von AGB"; dem Unternehmer wird vielmehr ein *Recht* auf
den höchstmöglichen Profit und damit auch auf den mit den Mitteln der
AGB erzielten zugesprochen, eingeschränkt durch das „staats- und
rechtspolitisch Tragbare"[66]. Wirtschaftliche Entfaltungsfreiheit erhält
durch das als rechtlich legitim dargestellte Prinzip der Profitmaximie-
rung ihre Gestalt als Unterwerfung unter den Willen des Aufstellers
der AGB.

Ohne Zweifel ist der Gesichtspunkt der Vermehrung des Gewinns für
jede Wirtschaftsordnung von Bedeutung. Aber für die Zeit vor dem

---

[64] Siehe oben Zweiter Teil, 2. Abschnitt, II.
[65] *Raiser*, AGB.
[66] *Raiser*, AGB S. 92.

Zweiten Weltkrieg, in der Raisers „Recht der AGB" entstand, war auch die Beschränkung der Selbstbestimmung einer Vielzahl von Bürgern durch diesen Gesichtspunkt selbstverständlich: kapitalistische Wirtschaftsordnung, in der die „Wirtschaftsprinzipien des Privateigentums, der Unternehmerinitiative und des privaten Ertragsstrebens, des Leistungswettbewerbs und des Ausgleichs von Angebot und Nachfrage auf dem Markt"[67] als vorrangig gelten, war verbindlich für das Recht des Gemeinwesens. Wirtschaftliche Entfaltungsfreiheit stellte sich unbefangen als Freiheit der Unternehmer und Unternehmen dar. Innerhalb unseres Gemeinwesens, dessen Verfassung das Interesse an der Freiheit, an der Unverletzlichkeit, an der Würde *jeder* Person an den Anfang stellt, ist jedoch zu fragen, ob der wirtschaftliche Nutzeffekt des eingesetzten Kapitals soweit zum Leitprinzip gemacht werden kann, daß Selbstbestimmung seinetwegen für viele Bürger eingeschränkt werden kann.

Die Frage ist leicht zu beantworten für denjenigen, der allein auf den wirtschaftlichen Aufstieg nach dem Zweiten Weltkrieg sieht. Die erfolgreiche Entfaltung des Kapitalismus in neuartiger Gestalt[68], nämlich in der Form der „sozialen Marktwirtschaft" und die damit verbundene Übernahme des Verständnisses der Selbstbestimmung als Unternehmerfreiheit, scheinen die Richtigkeit des Leistungsstrebens als vorrangigen Wert gegenüber einer viel umfassender verstandenen Selbstbestimmung zu bestätigen. Und tatsächlich wurde die Verfassung entsprechend interpretiert. Wirtschaftliche Entfaltungsfreiheit in Art. 2^I war wieder „Unternehmensfreiheit"[69]. Beeindruckt vom wirtschaftlichen Erfolg wurde Selbstbestimmung ihrer politischen Dimension beraubt; die vom gesamten Gemeinwesen auf demokratischem Wege zu leistende Befreiung von Herrschaft und Unmündigkeit wird zunächst zurückgedrängt. Allein das wirtschaftliche „Befreiungs-Erlebnis"[70] bestimmte das Grundrechtsverständnis.

2. Die Konkretisierung des Art. 2^I zu einer minimierten, nur an der Marktwirtschaft orientierten Selbstbestimmung könnte als richtig akzeptiert werden, wenn diese Wettbewerbsordnung verfassungsrechtlichen Rang hätte, wenn sie also „Wirtschafts*verfassung*" wäre, die jene Interpretation des Art. 2^I rechtfertigte. Nur dann könnte die „soziale Marktwirtschaft" mit ihrer Ausrichtung am Leistungswettbewerb und

---

[67] *Raiser*, AGB S. 95.

[68] So eine Formulierung von *Eucken* in Weltwirtschaftliches Archiv, 36. Bd. (1932), 197 ff. (302, 318).

[69] *E. R. Huber*, DÖV 56, 135; *Dürig* bei *Maunz - Dürig - Herzog* Art. 2 Rdn. 46.

[70] *Ehmke*, Wirtschaft S. 17.

der damit verbundenen Gewinnmaximierung weiterhin die Beschränkung der Selbstbestimmung im Bereich der AGB rechtfertigen.

Es stellt sich also die in der Literatur bereits umfassend diskutierte Frage, ob es eine „Wirtschaftsverfassung" im Sinne der Marktwirtschaft neben dem Grundgesetz gibt, bzw. ob das Grundgesetz selbst sich für eine solche „Wirtschaftsverfassung" entscheidet. Das BVerfG[71] und die weit überwiegende Literatur[72] haben sich zur These der wirtschafts-verfassungsrechtlichen Neutralität des Grundgesetzes bekannt. Der hier eingenommene Standpunkt deckt sich damit im wesentlichen.

Wenn man den theoretischen Dualismus von Staat und Gesellschaft zugunsten der Erkenntnis, daß es sich dabei um einen menschlichen Verband, eine „Wirkungseinheit" handelt, überwindet, kann es keine „Wirtschaftsverfassung" neben der Grundordnung dieses Gemeinwesens, dem Grundgesetz geben[73].

a) Der Ansatz *Hubers*, bei welchem „freie persönliche Entfaltung in der Wirtschaft ... konkret nichts anderes als freie Entfaltung des selbständigen wirtschaftlichen Unternehmens" heißt[74], erweist sich dann als falsch, weil das ihm zugrunde liegende nationalökonomische Modell der Marktwirtschaft zur juristischen Leitlinie für die Interpretation der Verfassung gemacht wird. Das Modell einer „Gesellschaft" ist aber nicht deren „Verfassung", an welcher sich das Grundgesetz bezüglich der Bürgerrechte auszurichten hat. Ein solches „Denken von der Gesellschaft her" liefert die Verfassung der Beliebigkeit volkswirtschaftlicher Theorie aus und beraubt sie ihrer Selbständigkeit.

b) Das gleiche gilt für das Bemühen *Ballerstedts*[75]. Zwar geht dieser nicht von einem Modell aus, sondern nimmt eine historisch-soziologische Analyse der Verhältnisse vor. Aber auch er leitet daraus eine *Ordnung*, eine „Wirtschaftsverfassung" ab. Das Bekenntnis zur wirtschaftsverfassungsrechtlichen Neutralität des Grundgesetzes[76] wird überspielt durch eine Interpretation des Grundgesetzes von einer „Wirtschaftsverfassung", d. h. von der Gesellschaft her, der materiale Gehalt der Verfassung auch für den Bereich der Wirtschaft wird verdrängt.

---

[71] BVerfGE 4, 7, 17; 7, 4; 12, 363; 14, 275 u. ö.

[72] z. B. *Badura*, AöR 92, 382 ff.; *Biedenkopf*, 46. DJT, S. 107; *Ehmke*, Wirtschaft S. 18 ff.; *Hamann - Lenz*, Einführung S. 47; *Hesse*, Grundzüge S. 12; *H. Klein*, Die Teilnahme des Staates am wirtschaftlichen Wettbewerb, 1968, S. 106; *Maunz - Dürig - Herzog* Art. 14, Rdn. 8; *Raisch*, BB 71, 232; *Raiser*, 46. DJT, B, S. 18; *Richardi*, Kollektivgewalt S. 102; *Ritter*, BB 68, 1396 usw.

[73] Siehe oben 1. Abschnitt, I.

[74] *Huber*, DÖV 56, 135.

[75] *Ballerstedt*, in Die Grundrechte Bd. III/1 S. 49 ff.

[76] Ebd. S. 65, 77.

c) Der materiale Gehalt läßt sich aber auch nicht so bestimmen, daß man aus dem Grundgesetz selbst eine verfassungsrechtliche Verankerung der Marktwirtschaft ableitet, wie dies *Nipperdey* versuchte[77]. Das Grundgesetz habe eine Reihe von Verfassungsnormen aufgestellt, „die als einzelne und besonders in ihrem Zusammenhang eine verfassungsrechtliche Entscheidung für die Wirtschaftsverfassung der sozialen Marktwirtschaft ergeben. Denn eine Verfassung, die für das Wirtschaftsleben die Grundrechte der freien Entfaltung der Persönlichkeit und damit der Wettbewerbsfreiheit und des Leistungswettbewerbs, der Gewerbefreiheit, der Konsumfreiheit, der Vertragsfreiheit und der Freiheit der Assoziation, des Privateigentums und der Arbeitsfreiheit statuiert, sich selbst als freiheitliche rechtsstaatliche Grundordnung bezeichnet, das Sozialstaatsprinzip besonders hervorhebt und die meisten der genannten Grundrechte nicht unter einen allgemeinen Gesetzesvorbehalt stellt, sie in jedem Fall in ihrem Wesensgehalt sichert, ist eine Wirtschaftsverfassung der sozialen Marktwirtschaft, da sie alle wesentlichen Elemente dieser Wirtschaftsordnung enthält"[78].

Diese These *Nipperdeys* fand keine Anerkennung, die Argumente dagegen sind denen gegen die Auffassung *Hubers* ähnlich. *Huber* leitete aus einem nationalökonomischen Modell eine Wirtschaftsverfassung her, in deren Lichte das Grundgesetz zu interpretieren sei, *Nipperdey* liest unter ausdrücklicher Berufung auf die Vertreter der Freiburger Schule *Eucken, Böhm, Röpke* und *Hayek*[79] deren Wettbewerbsordnung in das Grundgesetz hinein, was dann zu dem Schluß führt, „daß das Grundgesetz ... die soziale Marktwirtschaft ... als Wirtschaftsverfassung anerkennt"[80]. Die Problematik der Einführung solcher wirtschaftstheoretischer Maßstäbe in die Verfassung hat Ehmke eindrucksvoll dargelegt, indem er *beispielhaft* von einem anderen wirtschaftswissenschaftlichen Ausgangspunkt aus nach dem Vorbild Nipperdeys ein Gegenmodell ableitete[81]. Die Nichtbeachtung des Art. 15 in *Nipperdeys* Konzept[82] schließlich verdeutlicht die Willkürlichkeit seines Ansatzes:

---

[77] *Nipperdey*, Die soziale Marktwirtschaft in der Verfassung der Bundesrepublik, Schriftenreihe der Juristischen Studiengesellschaft Karlsruhe, Heft 10, 1954.

[78] So faßte *Nipperdey* selbst seine früher (s. FN 77) dargelegte Auffassung zusammen in Grundrechte und Privatrecht, Kölner Universitätsreden, 1961, S. 9.

[79] *Nipperdey*, Soziale Marktwirtschaft, S. 6 und 14.

[80] So *Nipperdey* in der erwähnten Rede (FN 78).

[81] *Ehmke*, Wirtschaft S. 19 f., wobei er ausführt, daß sich ein Jurist statt auf *Eucken* auf *Schumpeter* oder *Galbraith* und statt auf *Hayek* auf *Finer* berufen könnte.

[82] Als „zu weit gespannt, verfassungsrechtlich und praktisch bedeutungslos", *Nipperdey*, Soziale Marktwirtschaft und Grundgesetz, S. 36.

Richtig betont Eucken die Unerläßlichkeit des Privateigentums an Produktionsmitteln für eine Wettbewerbswirtschaft[83], weshalb die Ermächtigung des Art. 15 zur begrenzten Aufhebung dieses Eigentums die Festlegung des Grundgesetzes auf die soziale Marktwirtschaft ausschließt.

d) Vereinzelt wurde im Schrifttum die Auffassung vertreten, daß mit der Neufassung des Art. 109 im Jahre 1967 die wirtschaftspolitische Neutralität des Grundgesetzes beseitigt und die „globalgesteuerte Marktwirtschaft" verfassungsrechtlich abgesichert worden sei[84]. Auch dieser Versuch einer Umdeutung verfassungsrechtlicher Entscheidungen entsprechend wirtschaftswissenschaftlicher Modelle ist zurückzuweisen. Art. 109 enthält einen Auftrag an Bund und Länder, die Staatshaushalte nicht nur zur Bedarfsdeckung zu verwenden, sondern sie auch zum Zwecke der wirtschaftspolitischen Steuerung einzusetzen[85]. Bei ihrer Aufstellung ist dem „gesamtwirtschaftlichen Gleichgewicht", d. h. der Erhaltung der Stabilität des Preisniveaus, des hohen Beschäftigungsstandes, des außenwirtschaftlichen Gleichgewichts sowie eines stetigen und angemessenen Wirtschaftswachstums, Rechnung zu tragen.

Auch wenn das mit der Grundgesetzänderung verbundene Stabilitätsgesetz davon spricht, daß die notwendigen Maßnahmen der staatlichen Wirtschaftspolitik „im Rahmen der marktwirtschaftlichen Ordnung" vorzunehmen seien (§ 1, S. 2), kann daraus keine Festlegung des Grundgesetzes auf die Marktwirtschaft hergeleitet werden. Man vermag vielmehr, ähnlich wie es *Ehmke* gegen *Nipperdeys* Versuch der verfassungsrechtlichen Absicherung der Marktwirtschaft einwandte, von einer anderen wirtschaftswissenschaftlichen Grundauffassung anhand des neuen Art. 109 eine Planwirtschaft als nunmehr „verfassungsrechtlich abgesichert" darzustellen: Wenn Art. 109 den Staat auf Beachtung des gesamtwirtschaftlichen Gleichgewichts festlegt, so kann die damit verbundene Planung nicht auf den Makrobereich (also vor allem Konjunktur-, Geld- und Finanzpolitik) beschränkt werden, während der Mikrobereich, d. h. die einzelnen Unternehmen, völlig unabhängig vom Makrobereich ihre individuelle Planung fortsetzen. Zwi-

---

[83] *Eucken*, Grundsätze der Wirtschaftspolitik, 1952, 270 ff.; Ordo II, S. 46.

[84] So vor allem *Zuck*, NJW 67, 1301 ff.; ders. BB 67, 805, 806 ff.; weniger klar *Benda*: „die Konzeption der sozialen Marktwirtschaft ... sich zwar aus dem Grundgesetz nicht zwingend ergibt, aber doch ein hohes Maß an Übereinstimmung mit der Wirtschaftsverfassung (!) aufweist ... (NJW 67, 849 (853)); zurückhaltender *Badura*: Art. 109 habe „die Debatte über die Wirtschaftsverfassung des Grundgesetzes auf eine neue Grundlage gestellt" (DÖV 68, 446 (449)).

[85] *Stern*, NJW 67, 1831 (1833).

schen beiden Bereichen bestehen viel zu enge Wechselbezüglichkeiten. Soll also das Gleichgewicht hergestellt werden, bedarf es der Harmonisierung beider Bereiche. Vom planwirtschaftlichen Standpunkt aus müßte man daher dem Staat die Möglichkeit einer wirksamen Beeinflußung der einzelnen Wirtschaftssubjekte geben, d. h. die unternehmerische Dispositionsfreiheit wäre aufzuheben. Liest man Art. 109 dann im Zusammenhang mit Art. 15, erscheint die Vergesellschaftung der Produktionsmittel zur Erreichung des gesamtwirtschaftlichen Gleichgewichts seit 1967 vom Grundgesetz her geboten.

Diese Interpretation ist falsch, weil sie von der „Gesellschaft her", von einem bestimmten Modell der Wirtschaftsordnung aus die Verfassung interpretiert, aber aus dem gleichen Grund ist auch die Festlegung des Grundgesetzes auf die Marktwirtschaft nicht anhand des Art. 109 möglich. Er stellt primär eine organisationsrechtliche Norm dar[86], die sich auf das Bund-Länder-Verhältnis und auf den intern-organisatorischen Bereich der Staatsorgane bezieht[87].

Zusammenfassend läßt sich feststellen:

Mit Hilfe unserer gegenwärtigen Wirtschaftsordnung, die an unternehmerischen Zielen und damit an Gewinnvermehrung ausgerichtet ist, wurde das Wirtschaftswunder geleistet. Dieses „Wunder" erlaubt es aber nicht, verfassungsrechtliche Gebote wie das Menschenrecht der Entfaltungsfreiheit in ein unpersönliches Unternehmensrecht umzudeuten. Die politische, vom Gemeinwesen zu lösende Aufgabe, wie sie sich mit Art. 1 und 2[I] stellt, nämlich menschliche Würde in der Form der Entfaltungsfreiheit auch im wirtschaftlichen Bereich zu verwirklichen, kann sich nicht im wirtschaftlichen Leistungsstreben erschöpfen. Die Verfassung ergibt keine Anhaltspunkte für die Zulässigkeit des Versuchs, sie an den nach Einzelinteressen ausgerichteten Wirtschaftsprozess auszuliefern. Ihre Neutralität in der Frage der „Wirtschaftsverfassung" heißt, daß ihre Wertentscheidungen für das Recht des Gemeinwesens, also auch für das Recht der Wirtschaft, einheitliche Richtlinien und Grenzen darstellen und sie nicht zur „Verewigung"[88] einer bestehenden Wirtschaftsordnung umgedeutet werden können.

Für die wirtschaftliche Entfaltungsfreiheit im Bereich der AGB ergibt sich, daß das unternehmerische Interesse an der Gewinnsteigerung

---

[86] *Ritter*, BB 68, 1396

[87] Auch nach der Änderung des Art. 109 lehnt die Literatur daher überwiegend die Festlegung des Grundgesetzes auf eine bestimmte Wirtschaftsordnung ab: *Friauf* VVDStRL 27, 10 (Fn. 45); *Hamann - Lenz* S. 47; *Hesse*, Grundzüge S. 12; *Raisch*, BB 71, 232; *Ritter*, BB 68, 1396; *R. Schmidt*, ZGesKredWes 68, 763; *Stern* 47. DJT, E, S. 43; *Thiele*, Einführung in das Wirtschaftsverfassungsrecht, S. 121; *Möller*, Kommentar zum StabG, S. 78.

[88] *Ehmke*, Wirtschaft S. 17.

die vorgefundenen Formen von Selbstbestimmung nicht rechtfertigen kann. Zwar ist jenes Interesse nach der Wirtschaftsordnung durchaus legitim, aber daraus folgt kein Recht, andere einseitig in ihrer Freiheit zu beschränken. Die Verfassung kann nicht den Prinzipien der Wirtschaftsordnung untergeordnet werden, vielmehr findet jede Wirtschaftsordnung dort ihre Grenze, wo sie mit den Verfassungsprinzipien kollidiert.

II. Selbstbestimmung und Eigentum

Gewinnmaximierung als Ziel unternehmerischer Tätigkeit kann also kein zulässiger Gesichtspunkt sein, um die Ausformungen der Selbstbestimmung im Bereich der AGB zu rechtfertigen. Zu fragen bleibt jedoch, ob nicht das Eigentum an den Produktionsmitteln den Eigentümer berechtigt, die Nutzung seines Eigentums mit dem Mittel der AGB zu erhöhen, die Rentabilität zu verbessern[89].

Das durch Art. 14 geschützte Eigentum ist dann so zu interpretieren, daß der Eigentümer eine *grundrechtlich* gesicherte Erwartung auf Gewinnmaximierung beim Einsatz seines Eigentums hat. Dann würde der Versuch der Verwirklichung dieser Erwartung mit den Mitteln der AGB verfassungsnotwendig erfordern, daß Selbstbestimmung gemäß Art. 2$^\text{I}$ für den Eigentümer so umfassend zu interpretieren ist, daß für den anderen Vertragspartner nurmehr die Entfaltungsfreiheit in Form der Unterwerfung bliebe. Der Einsatz von „Industrie-Eigentum"[90] zur Gewinnsteigerung verlangte also wegen Art. 14 für den Eigentümer eine viel umfangreichere Gewährung von Selbstbestimmung als für den anderen Vertragspartner.

Ein solches Eigentumsverständnis klingt im *Biedenkopf*-Bericht zur „Mitbestimmung im Unternehmen" an[91]. Dort heißt es: „Der Aktionär darf ... bei dem Erwerb einer Beteiligung erwarten, daß die Verwaltungsorgane mit seiner Einlage in einer Weise wirtschaften werden, wie dies nach der bestehenden marktwirtschaftlichen, vom Wettbewerbsprinzip beherrschten Ordnung möglich und geboten ist", also gemäß dem Rentabilitätsprinzip. „Ihre Erfüllung (sc. der Erwartung) gehört zum vermögensrechtlichen Wesensgehalt (!) der grundrechtlichen Verbürgung" (sc. des Art. 14)[92]. Ebenfalls im Zusammenhang mit der Mit-

---

[89] Damit scheidet zunächst der Bereich der AGB von öffentlichen Versorgungs- und Verkehrsbetrieben aus der Untersuchung aus. Diese müssen zwar auf Rentabilität achten, aber sie haben primär die Befriedigung bestimmter gesellschaftlicher Bedürfnisse sicherzustellen. Zu den AGB solcher Unternehmen siehe III.

[90] *Ehmke,* Wirtschaft S. 42.

[91] BT-Drucksache, VI, 334.

[92] BT-Drucksache, VI, 334 S. 75 (Nr. 48).

bestimmungsdiskussion hat *H. Krüger* in einem Gutachten zum Regierungsentwurf des Betriebsverfassungsgesetzes 1972 diesen Ansatz versucht auszubauen und verfassungsrechtlich abzusichern[93]. Da auf diese Weise eine verfassungsrechtliche Legitimation des bestehenden Zustandes im Bereich der AGB möglich erscheint, soll die Auffassung *Krügers* dargestellt und überprüft werden.

1. *Krüger* versteht die Verfassung nicht als Organisationsrecht für einen von der Gesellschaft getrennten Staat, insbesondere sind für ihn die Grundrechte nicht nur Ausgrenzung gegen den Staat. Die Verfassung soll ein „nationales Programm"[94] darstellen, nach welchem eine Mehrheit von Menschen einverständlich „durch eine gemeinsame, institutionalisierte und organisierte Anstrengung ihr Leben im einzelnen und insgesamt" (7) erhalten und verbessern will[95].

Diese Verfassung gründe den Unternehmer und seine Tätigkeit zwar auch auf Art. 2^I, die entscheidende verfassungsrechtliche Grundlage sei jedoch Art. 14, der auch das Eigentum an Produktionsmitteln schütze. Diese Auffassung lasse sich auch nicht mit der Behauptung widerlegen, Eigentum dürfe nicht Herrschaft von Menschen über Menschen vermitteln (13). Das Grundgesetz habe sich nicht zum Ideal der absoluten Herrschaftslosigkeit bekannt, wie sein Bekenntnis zur Demokratie, also einer Herrschaft in den Händen des Volkes zeige. Damit solle es zwar nur eine Herrschaft geben, aber dies schließe nicht aus, daß der Souverän Volk Herrschaft delegiere (14).

Betrachte man unter diesem Aspekt die Grundrechte, so könne man sie auch als Delegation von Herrschaft verstehen (14). Das setze aber voraus, daß die damit verbundene Freiheit nicht als Willkür gebraucht werde. Dies würde gegen das feierliche Bekenntnis zur Menschenwürde in Art. 1 verstoßen. Die mit den Grundrechten gewährte Freiheit sei eine Freiheit der Persönlichkeit, die durch Vernunft und Sittlichkeit bestimmt werde (15).

Bei so verstandener Freiheit seien die Grundrechte Bezeichnung und Angebot von Rollen, die der einzelne im Programm der Verfassung übernehmen könne (16). Auch der Eigentümer sei „in den Kreis der „dramatis personae" aufgenommen", wie sich aus Art. 14^{II} ergebe. Das Grundgesetz habe den Unternehmer als „Subjekt der Produktivität" eingeplant (18).

---

[93] *H. Krüger*, Der Regierungsentwurf eines Betriebsverfassungsgesetzes vom 29. 1. 1971 und das Grundgesetz, 1971.
[94] Ebd. S. 8.
[95] Insoweit besteht eine gewisse Ähnlichkeit mit dem hier vertretenen Verfassungsverständnis.

Da aber die Grundrechte keine Befehle zur Mitwirkung am nationalen Programm enthalten, andererseits eine Mitwirkung notwendig sei, sei durch Prämien ein Anreiz zu schaffen, damit die Bürger als von Vernunft und Sittlichkeit bestimmte Persönlichkeiten mitarbeiten. In einer Wirtschaft wie der Marktwirtschaft sei dieses Stimulans ausschließlich das Erwerbs- und Gewinnstreben. Die Vermehrung des Eigentums als „Preis" im „Rennen" der „Wettkämpfer" soll dem „Sieger" winken, um „möglichst viele Subjekte zu bewegen, an den Start zu gehen" (19). Dadurch sollen Initiative und Entschlußfreudigkeit ausgelöst werden, was aber nur sinnvoll sei, wenn der Unternehmer Entschließungsfreiheit habe. Eigentum verlange also auch Entschließungsfreiheit, damit der Unternehmer seine Rolle spielen könne. Wegen dieser Stimulanswirkung des Profits, sei für den Unternehmer allein der Maßstab der Rentabilität beachtenswert (21).

Schließlich wird darauf hingewiesen, daß das Leistungsprinzip gleichsam als Verfassungssatz für den Sozialstaat ganz unabdingbar sei, denn steigender Wohlstand für alle sei anders als durch rationalste Organisation des Produktionsprozesses unerreichbar (27).

Mit der Gewährleistung des Eigentums an Produktionsmitteln in Art. 14 sei daher zugleich die zur Produktivität dieser Mittel erforderliche Herrschaft ermöglicht (52). Damit erscheint die Fremdbestimmung anderer Menschen, die die Rentabilität steigert, als verfassungskonform.

2. a) Bei dieser Eigentumskonzeption erscheinen die vorgefundenen Formen der Selbstbestimmung bei Verträgen mit AGB gerechtfertigt, sofern sie auf einer Seite von einem Produktionsmitteleigentümer in den Vertrag eingebracht werden. Er kann sich immer darauf berufen, sie dienten der Rentabilität seines Eigentums und er sei damit von Verfassungswegen zu ihrer einseitigen Durchsetzung berechtigt. Nachträgliche Korrekturen, wie sie von den Gerichten vorgenommen werden, erscheinen dann allerdings fragwürdig.

Für das Problem beiderseitiger Verwendung von AGB unter Berufung auf die Rechtfertigung des Art. 14, also wenn sich zwei Unternehmer (z. B. Hersteller - Zulieferer) gegenüberstehen, wird bei *Krüger* die Antwort von der Theorie des Dualismus von Staat und Gesellschaft her gegeben: Das Eigentum ist gegenüber dem Staat geschützt, nicht gegenüber den Konkurrenten. „Die Angst davor, daß dem Erfolgreichen der Erfolg wieder abgejagt wird, soll den eilenden Fuß beflügeln" (19). Während sich gegen den Nichteigentümer das Eigentum selbstverständlich durchsetzt, kommt es bei dem Aufeinandertreffen zweier Unternehmer zum „Kampf auf Leben und Tod", zum „Krieg" (20).

b) Der Ansatz *Krügers* führt zurück zu dem Autonomieverständnis *Kants*, wie es in der Einleitung dargestellt wurde. Wie bei *Kant* wird Entfaltungsfreiheit an Eigentum geknüpft. Der freie Zugang zur Position des Eigentümers, bei *Kant* an Talent, Glück und Fleiß gebunden, ist bei *Krüger* nur eine Frage der Wahl einer Rolle, zu der sich offenbar niemand drängt, wie die Notwendigkeit des Stimulans zeigt („das ... Gesetz [sc. GWB] zwingt zwar niemanden, Unternehmer zu werden. Aber wenn sich jemand hierzu entschlossen [!] hat, dann hat er sie [sc. die Rolle] zu spielen" [18]). Und schließlich, hier wieder ganz *Kant*, stellt sich *Krüger* den durch Eigentum freien Menschen vor als aufgeklärten, von Unmündigkeit befreiten, als einen, der sich nur von Vernunft und Sittlichkeit bestimmen läßt (15).

3. a) Wie gegen *Kant* sind auch hier Einwände möglich:

aa) Die grundgesetzlichen Freiheiten beziehen sich, ebenso wie die Verfassungen des 18. und 19. Jahrhunderts, auf Bürger und Menschen schlechthin, wenn sie Selbstbestimmung, Entfaltungsfreiheit auch im wirtschaftlichen Bereich grundrechtlich sichern.

bb) Der freie Zugang zum Eigentum, zur „Unternehmerrolle" erweist sich heute noch mehr als zur Zeit *Kants* als Fiktion.

cc) Der wirtschaftlich Freie handelt nicht eigengesetzlich nach Vernunft und Sittlichkeit, sondern ist allein bedacht auf Profit, ohne daß daraus das Wohl aller resultiert, wie die Entwicklung besonders im 19. Jahrhundert zeigte.

dd) Schließlich gibt es jenen Eigentümer als Unternehmer heute immer weniger, an seine Stelle sind Kapitalblöcke getreten, ohne die enge persönliche Bindung an den Eigentümer, wie sie die propriété der französischen Verfassung von 1793 als *Menschen*recht in Art. 16 auszeichnete: „Das Eigentumsrecht ist dasjenige, jedes Bürgers, willkürlich sein Vermögen, sein Einkommen, die Früchte seiner Arbeit und seines Fleißes zu genießen und über sie zu verfügen".

b) *Krügers* Lösung versucht diesen Einwänden zu begegnen:

Zu aa) Den Konflikt von Selbstbestimmung im wirtschaftlichen Bereich für jedermann in Art. 2^I und Eigentum in Art. 14 löst *Krüger* nicht wie *Dürig, Huber, Ballerstedt* und andere durch Beschränkung der Selbstbestimmung auf die Unternehmen, sondern er verkleinert die Entfaltungsfreiheit zur „Freiheit der Entschließung" und sieht die wirtschaftliche Selbstbestimmung allein in Art. 14 gewährleistet.

Zu bb) Freier Zugang zur Rolle eines Bürgers, der selbstbestimmt im wirtschaftlichen Bereich handeln kann, erübrigt sich dadurch, daß das Volk (!) durch seine Verfassung „einer bestimmten Art von Bürgern",

nämlich den Eigentümern, diese Rolle zugewiesen und damit Herrschaft delegiert habe[96].

Zu cc) Der Widerspruch zwischen Handeln nach Vernunft und Sittlichkeit, wie es Kant vorschwebte und hemmungslosem Gewinnstreben
wird dadurch beseitigt, daß das Gewinnstreben als notwendiges Stimulans für ein Handeln des Eigentümers überhaupt dargestellt wird, ohne
daß *Krüger* eine Unvereinbarkeit von sittlichem und vernünftigem
Handeln mit dem Unternehmer-„Krieg", deren „Kampf auf Leben und
Tod"[97] bemerkt. Dieses Stimulans erhält als Leistungsprinzip Verfassungsrang (s. o.).

Zu dd) Dem letzten Einwand schließlich wird zweifach vorgebeugt:
Einmal soll es für den freiheitlichen Staat genügen, wenn nur eine Min-
destzahl von Bürgern von den Rollen des Grundgesetzes Gebrauch
macht[98], zum anderen ergebe sich aus der Anerkennung des Eigentums als Institut im Grundgesetz, daß es „nicht nur Individuen, sondern
auch soziale Organismen als Akteure für sein Programm vorsieht, deren Freiheit infolgedessen nicht anders verstanden werden darf, als die
der individuellen Persönlichkeiten — nämlich als Freiheit für Vernunft
und Sittlichkeit"[99].

4. Mit dieser Lösung erliegt *Krüger* einer Gefahr, die mit der verfassungsrechtlichen Gewährleistung von allgemeiner Selbstbestimmung
und von Eigentum in den Verfassungen seit der französischen Revolution besteht: Er veräußert das unveräußerliche Menschenrecht der
Entfaltungsfreiheit an den „sozialen Organismus" Unternehmen, an das
Kapital[100], indem er *persönliche* Entfaltung, individuelle Freiheit für
alle hinter Unternehmerfreiheit zurücktreten läßt. Dabei übersieht
Krüger jene neuen Tendenzen in der Wirtschaftspolitik, die die Be-
schneidung unternehmerischer Freiheit zugunsten des planerischen
Elements auch in der Marktwirtschaft betonen: Die Erkenntnis, daß
die anarchische Planung der Einzelunternehmen, diese ebenfalls zu
ökonomisch Abhängigen, dem unbeherrschten Warenumlauf Ausgelie-
ferten macht, so daß ihr „Krieg" schließlich zur Wirtschaftskrise führen
kann, ist ihm verstellt. Über die klassisch liberale Vorstellung, von der
sich selbsttätig einstellenden Harmonie gelangt *Krüger* nicht hinaus.
Dadurch aber spielt er eine Wirtschaftsordnung gegen die emanzipatorischen Ansätze des Grundgesetzes aus, die die liberale Ordnung trans-

---

[96] *Krüger*, BetrVG S. 29.
[97] Ebd. S. 20.
[98] Ebd. S. 8 und S. 15.
[99] Ebd. S. 17.
[100] Auf diese Gefahr weist *Bloch*, Naturrecht S. 78 eindringlich hin.

zendieren wollen[101]. Mittels der Beschränkung der Selbstbestimmung des Art. 2^I, ebenso dezisionistisch wie die Interpretation dieser Vorschrift als Unternehmensfreiheit, und der Umdeutung des Art. 14 wird aus dem Grundgesetz entgegen seiner wirtschaftspolitischen Neutralität, eine weitgehend am Gewinninteresse orientierte Unternehmerwirtschaft abgeleitet.

Auch die Sozialstaatsgarantie wird entsprechend umgedeutet und dem Rentabilitätsstreben angepaßt. Sozialstaat kann dann nur mehr Wohlstand für alle im herkömmlichen Sinne, d. h. höhere Löhne, keine Arbeitslosigkeit, jedem ein Auto, einen Fernseher, einen Kühlschrank und ähnliches heißen. Sozialstaat als Staat einer Sozialgesetzgebung, als Staat einer gesunden Umweltgestaltung, als Staat einer umfassenden Bildung und Ausbildung aller seiner Bürger, kurz als Staat im Dienste der Menschenwürde und damit notwendig als Staat der politischen Entscheidung auch gegen Rentabilität, gegen die unkontrollierten Gewinne des Kapitals, nicht zuletzt in Art. 14^I S. 2 und 14^{II} allen aufgegeben, geht verloren. Die Bevorzugung unternehmerischer Interessen wird nicht durch die Behauptung überzeugender, das *Volk* habe den Unternehmern die Freiheit gegeben, ihren Belangen immer „die Priorität vor anderen, wenn auch vielleicht an sich noch so berechtigten Interessen sichern zu können"[102]. Selbst wenn man der fragwürdigen Rollen- und Delegationstheorie *Krügers* folgt, würde es bei Berücksichtigung der Entstehungsgeschichte der Freiheitsrechte in den Revolutionen des 18. und 19. Jahrhunderts, der das Grundgesetz verbunden ist, um vieles näher liegen, daß das Volk die Rolle des Eigentümers, gegen dessen Vorgänger, den Feudalherrn, es sich erhob, nurmehr zuließe, wenn die mit dem Eigentum verbundenen Entfaltungsmöglichkeiten nicht zu Lasten der Gemeinschaft ausgeübt würden.

5. Entgegen dem geschilderten Eigentumsverständnis, mit dessen Hilfe sich der Gebrauch von AGB rechtfertigen ließe, wird hier diese Verknüpfung von wirtschaftlicher Entfaltungsfreiheit und Eigentum abgelehnt. Auch wenn wirtschaftliche Selbstbestimmung in weiten Bereichen faktisch nur zusammen mit Eigentum möglich ist, darf der Konflikt zwischen jedermann gewährter Entfaltungsfreiheit und den tatsächlichen ökonomischen Verhältnissen nicht zugunsten der letzteren entschieden werden. Art. 14 kann nicht gegen Art. 2^I ins Feld geführt werden, er ist keine Schranke der Selbstbestimmung des Nichteigentümers, sondern sichert nur ökonomische Möglichkeiten zur Verwirklichung der Entfaltungsfreiheit, wie sie sich aus der Verfassung er-

---

[101] Besonders betont wurde diese Funktion der Grundrechte schon von *Raiser*, JZ 58, 1 ff.

[102] *Krüger*, BetrVG S. 29 und S. 54.

gibt[103]. Dies bedeutet an einem Beispiel dargestellt: Der Verkauf von Gütern zum Zwecke der Gewinnerzielung ist rechtlich an Eigentum, bzw. an von diesem abgeleitete Verfügungsmacht gebunden. Eigentum sichert eine ökonomische Möglichkeit zur Verwirklichung von Entfaltungsfreiheit im Sinne des Art. 2^I. Diese Möglichkeit hat der Nichteigentümer nicht. — Die Möglichkeit diese Güter nur zu einseitig diktierten Bedingungen zu verkaufen, ist zwar faktisch häufig durch das Eigentum gegeben. Die rechtliche Zulässigkeit des Diktats entscheidet sich aber nicht nach der Innehabung des Eigentums, sondern allein nach dem Umfang der wirtschaftlichen Entfaltungsfreiheit des Art. 2^I, die dem Nichteigentümer ebenso zusteht. Hier kommt es zur Kollision zweier Freiheitssphären, die nicht zugunsten des Eigentümers nur aufgrund des Art. 14 entschieden werden kann. Die verfassungsrechtlich legitimierte Güterverteilung berechtigt nicht zu Beschränkungen der Selbstbestimmung anderer, weil Entfaltungsfreiheit, auch im wirtschaftlichen Bereich, nicht an Eigentum gebunden werden kann. Auch mit Hilfe des Art. 14 läßt sich daher nicht die vorgefundene Ausgestaltung der Selbstbestimmung bei AGB rechtfertigen.

III. Selbstbestimmung und Sozialstaatsprinzip

Für die im vorherigen Abschnitt ausgeklammerten sogenannten Versorgungs- und Verkehrsbetriebe sind in einzelnen Gesetzen Bestimmungen enthalten, die zur Aufstellung von AGB ermächtigen[104]. Die Ermächtigung ist allerdings z. T. mit einer Genehmigungspflicht durch eine staatliche Aufsichtsbehörde verbunden[105]. Der zwischengeschaltete öffentliche Akt ändert jedoch nichts daran, daß die Beziehungen auf der Basis jener AGB *privatrechtliche* „Leistungsverhältnisse der öffentlichen Daseinsvorsorge"[106] sind. Das Problem der wirtschaftlichen Entfaltungsfreiheit bleibt dann trotz gesetzlicher Erlaubnis für eine Beschränkung bestehen. Auch die gesetzliche Regelung einer Grundrechtsbeschränkung bedarf der verfassungsrechtlichen Grundlage. Als solche bietet sich für den Bereich der Daseinsvorsorge das Sozialstaatsprinzip an, wie es in Art. 20 und 28 verankert ist.

---

[103] Art. 14 verstehen nicht als Freiheitsschranke, sondern als Voraussetzung und materielle Sicherung für einen bestimmten verfassungskonformen Freiheitsgebrauch: BVerfGE 24, 367, 389, 400; BGHZ 6, 270, 276; *Heintzeler* in Mitbestimmung? S. 103; *Kimminich* in BK Art. 14, Rdn. 9; *Knoll* AöR 79, 492; *Maunz - Dürig - Herzog* Art. 14, Rdn. 9, 15; *Raiser*, Mitbestimmung S. 15; *Ekkehardt Stein* LB S. 170; *Erwin Stein*, Festschr. für Gerhard Müller S. 515, 517 u. a.

[104] z. B. § 39 IV PersbefG und § 6 I Energiewirtschaftsgesetz.

[105] z. B. § 39 IV PersbefG.

[106] *Bärmann*, Typisierte Zivilrechtsordnung der Daseinsvorsorge, 1948, S. 14.

1. Es wäre etwa wie folgt zu argumentieren: In unserem Gemeinwesen vermag der einzelne seine existentiellen Bedürfnisse nicht mehr aus dem eigenen Lebensbereich und aus den eigenen Lebensgütern unmittelbar zu befriedigen. Der hoch technisierte arbeitsteilige Produktionsprozess hat die Möglichkeit zur Autarkie beseitigt, sowohl die Gefahr überraschender Vernichtung der Existenz als auch die Gefahr einer menschenunwürdigen Existenz sind gestiegen. Insgesamt ist eine allgemeine „soziale Bedürftigkeit"[107] entstanden. Sie war und ist nur zu beseitigen durch öffentliche Daseinsvorsorge. Versorgungsbetriebe wie Gas-, Wasser-, E-Werke und auch Krankenhäuser sowie Verkehrsbetriebe sind Teil dieser Lebenssicherung. Das Sozialstaatsprinzip des Grundgesetzes bedeutet vor diesem Hintergrund auch eine Festlegung des Gemeinwesens auf die Erhaltung und Verbesserung dieser Einrichtungen, eine generelle Verpflichtung zur Beseitigung sozialer Bedürftigkeit[108].

Diese Verpflichtung beinhaltet auch das Gebot für die angesprochenen Betriebe, mit jedermann zu kontrahieren (Kontrahierungszwang), da nur so der angestrebte Schutz effektiv ist. Andererseits müssen die Betriebe wegen ihrer Bedeutung reibungslos funktionieren, so daß den Benutzern bestimmte Pflichten aufzuerlegen sind. Ein Handlungsspielraum für jeweils verschiedene Vertragsabreden kann nicht gewährt werden, da dadurch die Verwirklichung des Sozialstaatsprinzips gefährdet ist[109]. Das Sozialstaatsprinzip beschränkt insoweit legitim die Selbstbestimmung im wirtschaftlichen Bereich.

Kürzer und allgemeiner formuliert bedeutet dies, daß der soziale Staat als leistender, zuteilender, verteilender die Freiheit des einzelnen für lebenswichtige Bereiche überwinden darf. Rechtsstaat als Staat der Ausgrenzung gesicherter Freiheitszonen des Bürgers hat gegenüber staatlich gewährter justitia distributiva zurückzutreten, wenn auch im Rahmen förmlicher Gesetze. Sozialstaatlichkeit gibt einen Anspruch auf Teilhabe zu Lasten der Freiheitsgewährung.

2. Ein so verstandenes Sozialstaatsprinzip trägt in sich den Keim zur totalitären Gestaltung der Lebensverhältnisse. Leistung mit dem Zweck der Befreiung von Bedürftigkeit kann immer umschlagen in Bevormundung des Einzelnen, kann dazu führen, „daß der Mensch zur

---

[107] Diesen Begriff prägte *Forsthoff*, Die Verwaltung als Leistungsträger, 1938.

[108] Das Sozialstaatsprinzip wird dann als „Staatszielbestimmung" (*H. P. Ipsen*, Grundgesetz, S. 14) verstanden.

[109] So begründet z. B. *Raiser* die Notwendigkeit der Beschränkung der Selbstbestimmung, JZ 58, 3/4; ders. in Richterliche Kontrolle von AGB, 1968, S. 126.

bloßen Funktion eines politisch-sozialen Systems absinkt"[110]. Wohl diese Gefahr hat *Forsthoff* veranlaßt, von einer Antinomie zwischen Freiheit und Teilhabe und damit zwischen Rechts- und Sozialstaat auszugehen, die er auflöste, indem er der Sozialstaatlichkeit die Anerkennung als ein dem Rechtsstaatsprinzip gleichwertigen Verfassungsgrundsatz versagte: „Das Sozialstaatliche Bekenntnis hat ... keine institutionelle Bedeutung"[111] und „Der Rechtsstaat ist nach der Ordnung des Grundgesetzes der primäre und mit allen Rechtsgarantien ausgestattete Wert"[112].

Aber auch die Lösung *Forsthoffs* verhindert nicht die Gefahren des „sozialen Staates", ja sie verschärft sie. Indem Forsthoff die Möglichkeit, Sozial- und Rechtsstaat auf Verfassungsebene zu vereinen, verneint, verweist er die gerade von ihm als notwendig erkannte soziale Leistung des Staates im wesentlichen in den Bereich der Verwaltung, der er gestattet, die sozialgestaltende Aufgabe unter Zurückdrängung „extrem individualistischer Ausdeutung der Grundrechte" wahrzunehmen[113]. Die Folge ist, daß die sozialgestaltende Verwaltung den einzelnen unter dem Vorwand der Beseitigung von Bedürftigkeit bevormunden kann, ohne daß er sich dagegen mit Rechten verwahren könnte, die in der Verfassung umschrieben sind, insbesondere verlieren die Rechtsstaatsgarantien ihren Wert: „Der Rechtsstaat wird durch das sozialstaatliche Bekenntnis ... inhaltlich determiniert"[114], aber inwieweit dies geschehen darf, ist nicht institutionalisiert, sondern wird der Beliebigkeit staatlichen Ermessens ausgeliefert, weil „Rechtsstaat und Sozialstaat ... auf der Verfassungsebene nicht verschmolzen" sind[115]. Um Entfaltungsfreiheit zu erhalten, ist es daher notwendig, die Freiheitsverbürgungen und Teilhaberechte auf Verfassungsebene sinnvoll zu verbinden. Von einseitiger Berücksichtigung des Sozialstaatsprinzips droht totalitäre Einschränkung der Freiheit ebenso wie von einseitiger Betonung des Rechtsstaatsprinzips, weil im letzteren Fall die als notwendig erkannte staatliche Vorsorge das Rechtsstaatsprinzip aushöhlen kann, ohne daß man sich gegen diesen Vorgang mit Verfassungsrechten wehren kann.

3. Wie die Verknüpfung von Freiheitsrechten und Sozialstaatlichkeit vorzunehmen ist, wird deutlich, wenn man sich den bereits in der Einleitung kurz berührten Beginn des liberalen Rechtsstaates in Erin-

---

[110] *Abendroth* in Abendroth/Sultan, Bürokratischer Verwaltungsstaat und soziale Demokratie, 1955, S. 86.
[111] *Forsthoff*, VVDStRL 12 (1954), S. 29.
[112] Ebd. S. 34, These IV.
[113] Ebd. S. 28.
[114] Ebd. S. 29.
[115] Ebenda.

nerung ruft. Er garantierte der Gesellschaft eine private Sphäre der Entfaltung durch die Zusicherung der liberalen Grundrechte, wie sie im wesentlichen auch das Grundgesetz enthält. Die tatsächlich bei ihm konzentrierte Gewalt, die vor allem den Schutz vor äußeren Angriffen besorgen sollte, war neutralisiert durch ausgrenzende Grundrechte. Die damit zugelassene laissez faire — Gesellschaft war aber dem Modell nach nicht jene bürgerliche Gesellschaft des späten 19. Jahrhunderts, in welcher soziale Ungerechtigkeit zum ersten Mal umfassende Staatsintervention notwendig machte. Gewollt war vielmehr eine sich harmonisch, d. h. gerecht regelnde Gesellschaft. „Die Verfassung des liberalen Rechtsstaats (wollte) von Anbeginn nicht nur den Staat als solchen und in seinem Verhältnis zur Gesellschaft, sondern den gesellschaftlichen Lebenszusammenhang im ganzen ordnen"[116]. Durch die Freiheitsrechte sollte jedermann chancengleich am Prozeß der Waren-Erzeugung und -Verteilung mitwirken können. Im Zusammenspiel aller sollte schließlich die gerechte Ordnung entstehen, ohne daß von Staats wegen in diesen Prozeß eingegriffen wurde. Aber Theorie und Praxis des liberalen Staatsrechts fielen von Anbeginn auseinander, die gute Ordnung blieb unverwirklicht[117]. Als dies bewußt wurde, begann die „sozialstaatliche Transformation des liberalen Rechtsstaates"[118], die ihren vorläufigen Abschluß im Grundgesetz gefunden hat.

Sinn dieser Transformation ist es, jene durch Ausgrenzung staatsfreier Bereiche nicht erreichbare Ordnung durch den Staat sicherzustellen, ohne die ursprüngliche Bedeutung der liberalen Grundrechte zu verdrängen. Anders ausgedrückt: Der soziale Rechtsstaat gewährt anders als der nur liberale Rechtsstaat Rechte auf Teilhabe, aber Teilhabe erschöpft sich nicht wie im totalitären Staat in Zuteilung. Teilhabe muß zugleich staatliche Sicherung der Mitwirkung des einzelnen an der richtigen Gestaltung des Gemeinwesens sein, wie sie im liberalen Staat nur auf der Basis des Eigentums möglich war. Ohne diese Garantie geht jene „einst in den Institutionen des bürgerlichen Rechtsstaates investierte Idee der politisch fungierenden Öffentlichkeit"[119], d. h. die Vorstellung, daß die Bürger aufgrund ihrer Grundrechte selbstbestimmt ihr Gemeinwesen gestalten, verloren, die soziale Ordnung wird diktiert.

4. Wenn aber die Verschmelzung von Sozial- und Rechtsstaat auf Verfassungsebene nur möglich ist, wenn die Sicherung der Teilhabe an sozialen Leistungen zugleich als Gewährleistung der Teilnahme an der

---

[116] *Habermas*, Strukturwandel S. 264.
[117] Siehe dazu die Einleitung (Erster Teil).
[118] *Habermas*, Strukturwandel S. 263.
[119] *Habermas*, Strukturwandel S. 267.

Gestaltung des Gemeinwesens verstanden wird, gewinnt die grundgesetzliche Regelung, daß die Bundesrepublik nicht nur ein sozialer, sondern ein *demokratischer* Rechtsstaat sein soll, besondere Bedeutung. Das demokratische Moment scheint den Weg zu weisen, auf welche Art der Prozeß der Teilnahme vor sich zu gehen hat, damit Sozialstaatlichkeit ohne Verletzung der Rechtsstaatlichkeit, d. h. ohne Verletzung grundrechtlich gesicherter freier Entfaltung, verwirklicht werden kann[120]. Auf der Basis jener Freiheitsrechte müssen sich die Interessen demokratisch organisieren. Dann haben sie die Möglichkeit in Auseinandersetzung, d. h. öffentlicher Diskussion mit der staatlichen Gewalt oder mit anderen Organisationen, die Gestaltung des Sozialstaates zu beeinflussen.

Die demokratischen Organisationen, als demokratische ausgerichtet auf Gleichheit und Selbstbestimmung in Form von Teilhabe, bieten dem einzelnen die Möglichkeit durch die Organisation hindurch die liberalen Freiheitsrechte zu erhalten und zugleich den Sozialstaat zu gewinnen.

Welche Schwierigkeiten mit der Entwicklung dieses sozialen demokratischen Rechtsstaates verbunden sind, wird im einzelnen im 1. Abschnitt des Vierten Teils erörtert. Für die Frage der Rechtfertigung von AGB mit Hilfe des Sozialstaatsprinzips läßt sich aber aus den bisherigen Darlegungen eine Antwort finden:

AGB der Versorgungs- und Verkehrsbetriebe haben in der Tat die Funktion, eine sozialstaatliche notwendige Leistung zu sichern. Mitwirkung der Vertragspartner an der Gestaltung des Vertrages muß sich aber deshalb nicht auf Unterwerfung beschränken, Sozialstaatlichkeit erfordert vielmehr in ihrer Verbindung mit den liberalen Grundrechten auch Einflußnahme auf die Gestaltung der AGB. Da diese dem einzelnen nicht möglich ist, muß eine Art der demokratischen Teilnahme gefunden werden. Auch Sozialstaatlichkeit kann wirtschaftliche Selbstbestimmung bei den vertraglichen Beziehungen zu Versorgungs- und Verkehrsbetrieben nicht zurückdrängen, sondern der demokratische, soziale Rechtsstaat verlangt Ersatzformen der Entfaltung.

IV. Ergebnis

Die Ausformung wirtschaftlicher Entfaltungsfreiheit im Privatrecht als Vertragsfreiheit wurde für den Bereich der Verträge mit AGB auf ihre Vereinbarkeit mit dem Grundgesetz untersucht. Gesichtspunkte,

---

[120] Vgl. dazu *Abendroth* VVDStRL 12 (1954) S. 85 ff. und Zum Begriff des demokratischen und sozialen Rechtsstaats im Grundgesetz der Bundesrepublik Deutschland, Festschrift für L. Bergsträsser, 1954, S. 279 ff.

die sie möglicherweise legitimieren könnten, wurden zwar gefunden, im einzelnen vermochten sie aber nicht zu überzeugen. Durch diese Untersuchung wurde wirtschaftliche Selbstbestimmung, wie sie die Verfassung für jedermann vorsieht, konkretisiert.

Aus dem Dargestellten kann der Schluß gezogen werden, daß Entfaltungsfreiheit in jener umfassenden Form, wie sie heute im Bereich der AGB für einen Vertragspartner üblich ist, nicht mit der „Wirtschaftsverfassung", mit Art. 14 oder mit dem Sozialstaatsprinzip zu rechtfertigen ist. Daraus allein ergibt sich allerdings noch kein konkreter Inhalt wirtschaftlicher Entfaltungsfreiheit, der sich in rechtspolitische Forderungen umsetzen läßt. Konkrete Gestalt gewinnt die Selbstbestimmung mit der Erkenntnis, daß im Bereich des Tauschverkehrs Freiheitszonen verschiedener Rechtssubjekte aufeinandertreffen.

Mit der umfassenden Selbstbestimmung auf einer Seite korrespondiert bei den Tauschbeziehungen notwendig eine stark eingeengte Selbstbestimmung auf der anderen Seite. Für die AGB entspricht der umfassenden Gestaltungsmöglichkeit des Aufstellers der AGB die Reduzierung von Selbstbestimmung auf Unterwerfung beim Vertragspartner. Ist nun aber die umfassende Selbstbestimmung verfassungsrechtlich nicht legitimiert, dann ist — wegen des Korrespondenzverhältnisses der Freiheitszonen bei den Vertragsparteien — auf eine Erweiterung der durch die Verfassung gewährleisteten Freiheit für die den AGB Unterworfenen zu schließen. Dies kann dann, wiederum notwendig korrespondierend, nur zu Lasten der bisher zu weiten Entfaltungsfreiheit bei den privaten und staatlichen Unternehmen gehen. Die Entfaltungsfreiheit der Bürger, die sich heute den AGB unterwerfen müssen, ist daher umfassender als gemeinhin angenommen wird. Wirtschaftliche Selbstbestimmung in der Verfassung deckt nicht die von der Privatrechtsordnung als Ausformung jenes Verfassungsprinzips gewährte Vertragsfreiheit zur Aufstellung und Durchsetzung von AGB durch eine Minderheit von Bürgern und juristischen Personen. Mit dem Einräumen einer Vertragsfreiheit, die die Verwendung von AGB zuläßt, geht daher die Privatrechtsordnung über den Rahmen hinaus, den die Verfassung als Grundordnung der Gesamtrechtsordnung vorgibt, weil damit zugleich ungerechtfertigte Beschränkungen von Selbstbestimmung bei vielen Bürgern verbunden sind.

Bei dieser Argumentation mit der gegenseitigen Abhängigkeit der Freiheitsbereiche macht man sich praktisch „die schlichte Wahrheit, daß der Mensch auch im Recht nicht ohne Mitmenschen gesehen werden darf"[121] zu eigen. Allerdings wird dabei der liberale Grundgedanke,

---

[121] *Raiser*, JZ 58, 6 Fn. 31.

daß der Freiheitsraum des einzelnen an den Rechten anderer seine Grenze finden muß[122], nicht in der herkömmlichen Form verwertet. So weist Raiser darauf hin, daß — wenn man „die ältere liberale Theorie" befolgt — sich auch aus Art. 2^{I} zwangsläufig der Schluß ergibt, „daß es keinen Verfassungsschutz der Vertragsfreiheit auf Kosten der Freiheit eines Vertragspartners ... geben kann"[123]. Diese Formulierung legt ein Vorgehen nahe, bei welchem man von der beschränkten Freiheit des Vertragspartners ausgeht und fragt, ob diese Beschränkungen gerechtfertigt sind. Entsprechend den Ergebnissen dieser Untersuchung ist dann der Freiheitsraum des anderen Vertragspartners legitimiert oder nicht.

Ein solches Verfahren ist jedoch keineswegs logisch zwingend vorgegeben. Ebenso gut kann man — wie es hier geschehen ist — vom umfassenden Freiheitsraum ausgehen und nach dessen Rechtfertigung fragen. Aufgrund der Prüfung lassen sich dann wegen der gegenseitigen Abhängigkeit der Freiheitsbereiche über den Umfang der Selbstbestimmung ebenso Aussagen machen, wie im umgekehrten Verfahren. Allerdings kann ein wesentlicher Unterschied im Ergebnis entstehen. Bei dem Vorgehen, wie es *Raiser* wohl anstrebt, wird nach Argumenten für die Freiheit desjenigen gesucht, dessen Selbstbestimmung beschränkt ist. Sofern man keine solchen findet bzw. in Zweifelsfällen liegt dann wegen der gegenseitigen Abhängigkeit der Freiheitsbereiche die Entscheidung zugunsten der schon ausgeübten Freiheit nahe, was im Falle der AGB die Entscheidung zugunsten der herkömmlichen Freiheitsverteilung bedeuten würde. Bei dem hier eingeschlagenen Weg bietet sich in Fällen des Zweifels an der Legitimation der umfassenden Selbstbestimmung dagegen der Schluß auf eine Erweiterung des Freiheitsbereiches des anderen Vertragspartners an. Konkret auf die AGB bezogen bedeutet dies eine Entscheidung zu Gunsten erweiterter Selbstbestimmung für viele zu Lasten umfassender Selbstbestimmung bei wenigen.

Diese Form der Konkretisierung verfassungsrechtlicher Selbstbestimmung läßt sich auch mit dem Prinzip der praktischen Konkordanz rechtfertigen, wie es *Hesse* für die Verfassungsauslegung erarbeitet hat[124]. Beim Zusammentreffen verschiedener Rechtsgüter, hier verschiedener Freiheitszonen, kann ein Konflikt nicht einfach durch „Wertabwägung" entschieden werden. Vielmehr sind ihre Grenzen nach beiden Richtungen zu ziehen, damit beide Freiheitsbereiche „zu

---

[122] „Die Freiheit des einen Rechtsgenossen wird durch diejenige des anderen von selbst eingeengt", *Oftinger*, Die Vertragsfreiheit, S. 318.
[123] *Raiser*, JZ 58, 6.
[124] *Hesse*, Grundzüge S. 28.

optimaler Wirksamkeit gelangen können"[125]. Die Grenzen müssen im jeweiligen konkreten Fall zu rechtfertigen sein, „sie dürfen nicht weiter gehen als es notwendig ist, um die Konkordanz beider Rechtsgüter herzustellen"[126]. Hier ergab sich, daß die auf der einen Seite sehr weit gesteckte Grenze nicht zu rechtfertigen und daher der Freiheitsspielraum für die den AGB Unterworfenen unverhältnismäßig gering ist. Eine „optimale Wirksamkeit" verfassungsrechtlich gewährleisteter Selbstbestimmung ist nicht vorhanden, praktische Konkordanz bleibt unverwirklicht. Notwendig ist also eine Angleichung der Freiheitsbereiche. Wie diese „Optimierungsaufgabe"[127] gelöst werden könnte, wird im folgenden Teil dargestellt.

---

[125] *Hesse*, Grundzüge S. 29.
[126] Ebenda.
[127] Ebenda.

Vierter Teil

Praktische Folgerungen für den Bereich der AGB

1. Abschnitt

Alternativmodelle

I. Die Notwendigkeit neuer Formen von Selbstbestimmung

1. a) Die Ergebnisse der Verfassungsinterpretation können nicht einfach zu einem Verbot der AGB als Vertragsgestaltungsmittel führen. Eine solche Konsequenz würde dem eigenen in der Einleitung erhobenen Anspruch nicht genügen: „Abbau von Herrschaft" und Verwirklichung wirtschaftlicher Entfaltungsfreiheit für jedermann läßt sich damit nicht erreichen. Selbst wenn man außer den AGB auch den AGB-Ersatz, nämlich die Formularverträge verbieten würde, blieben jene Ziele unerreicht. Die Folge eines solchen vollständigen Ausschlußes von AGB wäre lediglich die Erschwerung des Wirtschaftsverkehrs, Fremdbestimmung der Vertragspartner bliebe jedoch weiterhin möglich, weil ihre Ursachen, die ökonomischen Realitäten, unverändert fortbestehen. Auch ohne AGB würden vom wirtschaftlich Stärkeren die Vertragsbedingungen diktiert; für die Mehrheit der Bürger wäre die Selbstbestimmung weiterhin ausgeschlossen. Hinzukommt, daß die bisherige Gerechtigkeitskontrolle von Verträgen über die Kontrolle der AGB durch die Gerichte entfiele. Diese ist ohne Zweifel so lange erhaltenswert, als verfassungsrechtlich vorgeschriebene Selbstbestimmung nicht verwirklicht wird, ohne daß sie allerdings an die Stelle der Selbstbestimmung treten kann.

b) Erreicht man also mit dem Ausspruch der Verfassungswidrigkeit, aus welchem ein Verbot der AGB zu folgern wäre, keinen verfassungsgemäßen Zustand, so fragt es sich, wie zu verfahren ist, um das angestrebte Ziel zu erreichen. Das BVerfG hat in ähnlichen Fällen des fehlenden Einklangs niedrigrangigen Rechts mit der Verfassung für eine bestimmte Zeit den jeweiligen Zustand für mit der Verfassung vereinbar erklärt und eine verfassungsgemäße Regelung durch den Gesetzgeber gefordert. Zu nennen sind vor allem die Entscheidungen zur Höfeordnung für die britische Zone[1], zur Wahlkreiseinteilung aus dem

---

[1] BVerfGE 15, 337.

Jahre 1949[2], zur Beförderungssteuer und zum Mühlengesetz[3], zur Um-
satzsteuer[4], zum Einheitswert von Grundstücken[5], zu Art. 6 V[6, 7] und
neuerdings zum Strafvollzug[8]. Möglicherweise besteht auch für den Bereich der AGB ein ähnlicher Regelungsspielraum, wie er in jenen Entscheidungen gewährt wurde.

aa) Nach dem bisherigen Ergebnis der Untersuchung muß von einer
„nicht verfassungskonformen Interpretation" des zwar nicht ausdrücklich in einer Norm definierten aber im geltenden Privatrecht unge-
schrieben enthaltenen Grundsatzes der Vertragsfreiheit ausgegangen
werden. Am einfachsten wäre es nun, durch verfassungskonforme Auslegung den verfassungsgemäßen Zustand herbeizuführen. Dies ist auch
ohne das Bundesverfassungsgericht möglich, denn dieses Interpretationsprinzip setzt das Bestehen einer Verfassungsgerichtsbarkeit nicht
voraus[9]. Denkbar wäre also, daß die Rechtsprechung der Zivilgerichte
die gegenwärtige Praxis im Bereich der AGB für nicht mit der Vertragsfreiheit, wie sie bei Berücksichtigung der Verfassung zu verstehen
ist, vereinbar erklärt. AGB würden dann nicht mehr verwendet werden können. Dadurch wäre aber der angestrebte verfassungskonforme
Zustand nicht zu erreichen. Ein solches durch die Rechtsprechung er-
zwungenes Verbot der AGB diente ebensowenig der Verwirklichung
wirtschaftlicher Entfaltungsfreiheit wie ein gesetzliches Verbot, weil
die Machtverteilung unberührt bliebe und dem wirtschaftlich Stärkeren weiterhin die Durchsetzung allein seiner Vorstellungen ermöglich-
te.

bb) Ebensowenig gangbar ist der Weg einer Nichtigkeitserklärung
durch das Bundesverfassungsgericht, wie sie das BVerfGG in den §§ 78,
82[I], 95[III] für Gesetze vorsieht. Einmal fehlt es an einer ausdrücklichen
Regelung, auf die diese Vorschriften zugeschnitten sind. Zum anderen
liegt der Verfassungsverstoß gar nicht in der Regelung selbst, denn
Vertragsfreiheit ist eine Ausformung eines Verfassungsprinzips, sondern in der heute üblichen Auslegung der Vertragsfreiheit. Dafür ist
aber an sich auf das Interpretationsprinzip der verfassungskonformen
Auslegung zurückzugreifen, was hier jedoch wie dargelegt ausscheidet.

---

[2] BVerfGE 16, 130.
[3] BVerfGE 16, 147 u. BVerfGE 25, 1.
[4] BVerfGE 21, 12.
[5] BVerfGE 23, 242.
[6] BVerfGE 25, 167.
[7] Vgl. zu dieser Rspr. die Zusammenstellung und Würdigung von *Rupp -
v. Brünneck,* in Festschr. für Gebhard Müller, S. 355 ff.
[8] BVerfGE 33, 1.
[9] *Hesse,* Grundzüge S. 31.

cc) Zur bereits angedeuteten dritten Möglichkeit, zunächst den bestehenden Zustand hinzunehmen und dem Gesetzgeber Zeit zum Handeln zu geben, sind vom BVerfG in den genannten Entscheidungen die einzelnen Voraussetzungen recht genau entwickelt worden. Die Gesichtspunkte für die Gewährung eines Regelungsspielraums sind dabei mehr praktischer Art und lassen sich im wesentlichen in zwei Gruppen unterscheiden.

Die erste Gruppe von Argumenten bezieht sich darauf, wann und wie Verfassungswidrigkeit erkannt wird. So ist es nach dem Bundesverfassungsgericht von Bedeutung, ob die Verfassungswidrigkeit unbestritten[10] bzw. evident[11] ist. In diesen Fällen soll, ebensowenig wie wenn Zweifel beim Gesetzgeber wegen beachtlicher Stimmen zur Verfassungswidrigkeit angebracht sind[12], kein Regelungsspielraum bestehen. Ferner soll entscheidend sein, wie lange die Reformbedürftigkeit des jeweiligen Rechtsbereiches bereits bekannt ist. Ist die Notwendigkeit einer Reform schon über längere Zeit allgemein anerkannt, soll kein Regelungsspielraum bestehen[13]. Dagegen ist von einem Regelungsspielraum auszugehen, wenn der Verfassungsgeber vom überkommenen Bild des jeweiligen Rechtsgebietes ausging und keine Anhaltspunkte in der Verfassung vorhanden sind, daß der Gesetzgeber dort sofort etwas tun müsse[14].

Berücksichtigt man nun, daß im Bereich der AGB die Frage nach der Vereinbarkeit der gegenwärtigen Gestalt der Vertragsfreiheit mit der Verfassung bisher so gut wie nicht gestellt wurde, können die erstgenannten Gesichtspunkte nicht gegen einen Regelungsspielraum sprechen. Zwar ist die Reformbedürftigkeit des Privatrechts in diesem Bereich bekannt, aber es ist zu beachten, daß das Bundesverfassungsgericht dieses Argument im Zusammenhang mit Art. 6^V berücksichtigte und die Reform des Rechts des nichtehelichen Kindes bereits seit der Weimarer Zeit angestrebt wurde. Eine vergleichbare Lage ist hier nicht gegeben. Für einen Regelungsspielraum spricht weiterhin, daß der Verfassungsgeber von der Fortgeltung des bis 1949 gültigen Privatrechts in seinen Grundstrukturen insbesondere des Vertragsrechts ausging und Anhaltspunkte in der Verfassung dafür, daß der Gesetzgeber auf diesem Gebiet sofort etwas tun müsse, nicht bestehen. Vielmehr hat sich der Konflikt mit der Wertordnung des Grundgesetzes erst im Laufe der Zeit durch die Entwicklung im Bereich der AGB verschärft.

---

[10] BVerfGE 15, 335.
[11] BVerfGE 16, 162, 163.
[12] BVerfGE 15, 352.
[13] BVerfGE 25, 185.
[14] BVerfGE 33, 12.

Die zweite Gruppe von Argumenten betrifft die Schwierigkeiten bei der Anpassung des niederrangigen Rechts an die Verfassung. So soll dem Gesetzgeber eine gewisse Zeitspanne zur Verfügung stehen, wenn eine einfache Entscheidung nicht möglich ist[15], eine „tatsächliche und rechtliche Differenziertheit der ganzen Materie" besteht[16], übereilte Regelungen Nachteile bringen können[17] und eine umfassendere Reform geboten erscheint[18]. Da für den Bereich der AGB die Reform nicht unproblematisch ist, wenn man den verfassungsgemäßen Zustand herbeiführen und Nachteile sowohl für den einzelnen als auch für den Wirtschaftsverkehr vermeiden will, sprechen jene Argumente auch hier für einen zeitlichen Spielraum zugunsten des Gesetzgebers. Daneben ist zu berücksichtigen, daß die gegenwärtig gegebene Gerechtigkeitskontrolle der Gerichte eine Unzumutbarkeit bzw. Unverträglichkeit (beides Gesichtspunkte, die auch das Bundesverfassungsgericht betont[19, 20]) des heutigen Zustandes verhindert.

Entsprechend der Rechtsprechung des Bundesverfassungsgerichts ist also auch hier die Hinnahme gewisser Unvereinbarkeiten mit der Verfassung für eine Übergangszeit gerechtfertigt. Allerdings muß man sich bewußt sein, daß, falls der Gesetzgeber nicht handelt, eine Herstellung des verfassungsgemäßen Zustandes durch die Rechtsprechung, anders als z. B. im Falle des Art. 6^V, kaum möglich ist. Die Rechtsordnung bietet für den hier untersuchten Bereich der AGB der Rechtsprechung keine Handlungsvorbilder, die sich ähnlich einfach verwirklichen ließen wie z. B. die rechtliche Gleichstellung des nichtehelichen Kindes mit dem ehelichen Kind bzw. der Frau mit dem Mann. Als ultima ratio bliebe dann in der Tat nach einer nutzlos verstrichenen Frist, die wohl länger als die gegenwärtige Legislaturperiode anzusetzen ist, nur die oben aa) abgelehnte verfassungskonforme Interpretation in dem Sinne, daß die Zulassung der AGB nicht mit wirtschaftlicher Selbstbestimmung des Art. 2^I vereinbar ist. Nur durch den dann vermutlich eintretenden Zustand, der sicherlich nur „als der Verfassung näher" bezeichnet werden kann, ist der Druck von seiten der Gesellschaft zu erwarten, der den Gesetzgeber dann doch zur Reform bewegt.

Hier bleibt daher nur die Aufgabe, Wege aufzuzeigen, auf welchen wirtschaftliche Selbstbestimmung gegen vorgefundene Fremdbestim-

---

[15] BVerfGE 21, 40.

[16] BVerfGE 21, 40; BVerfGE 25, 186 stellt darauf ab, ob eine schwierige und vielschichtige Materie vorliegt.

[17] BVerfGE 16, 188.

[18] BVerfGE 15, 352.

[19] BVerfGE 16, 187.

[20] BVerfGE 21, 40.

mung durchzusetzen wäre. Es muß nach neuen Formen der Verwirklichung dieser Selbstbestimmung gesucht werden, die jene Nachteile vermeidet, die mit Selbstbestimmung in Form der Vertragsfreiheit heute verbunden sind.

2. Ansätze dafür sind in der neueren Diskussion vorhanden. Danach können die AGB zwar unverändert einseitig aufgestellt werden, aber ihre Verwendung im Rechtsverkehr soll nurmehr gestattet sein, wenn zuvor eine Genehmigung durch staatliche bzw. halbstaatliche Stellen erteilt worden ist. Man versucht also ein schon heute auf bestimmten Gebieten[21] verwendetes Kontrollmittel auf den gesamten Bereich der AGB auszudehnen[22].

Bei diesen „Genehmigungsmodellen" wird jener Fehler wiederholt, der bereits beim Vorverständnis der herrschenden Meinung zum Problem der AGB kritisiert wurde: Die Frage der Selbstbestimmung des Vertragspartners, der sich den AGB unterwerfen muß, wird nicht diskutiert[23, 23a]. Stattdessen wendet man sich lediglich wieder einer Gerechtigkeitskontrolle zu, die allerdings nicht mehr von Einzelfall zu Einzelfall wie in der Rechtsprechung, sondern allgemein für ganze AGB -Komplexe erfolgt. Dabei werden in dem erwähnten Gesetzentwurf[24] die bisher von der Rechtsprechung aufgestellten Kontrollmaßstäbe generalisiert und um weitere Gerechtigkeitsmaßstäbe aus dem dispositi-

---

[21] Gesetz über die Bausparkassen vom 16. November 1972, § 5 und § 9; Pflichtversicherungsgesetz (§ 4); Luftverkehrsgesetz vom 22. 10. 1965 (§ 21, I); Hypothekenbankgesetz vom 5. 2. 1963 (§ 15); Gesetz über Schiffspfandbriefanstalten vom 8. 5. 1963 (§ 15); Gesetz über Kapitalanlagegesellschaften vom 16. 4. 1957.

[22] Genehmigung durch eine zentrale Behörde, das Bundeskartellamt ASJ-Hessen Süd, Rechtspolitisches Programm zum Schutz vor AGB ZRP 70, 190 und dazu *Schoreit*, ZRP 70, 175. Desgl. *E. v. Hippel*, ZRP 72, 110 f. Für eine neu zu schaffende „Bundesanstalt für Verbraucherschutz" ASJ-Südbayern mit einem Gesetzentwurf über die Genehmigungspflicht von AGB, ZRP 72, 148 f. und dazu *Gudian*, ZRP 72, 147 ff. Ferner *Rehbinder*, AGB und die Kontrolle ihres Inhalts 1972; ähnliche Vorschläge finden sich bereits bei *Raiser*, AGB S. 103 f. Mit Vorbehalten ders. in Richterlicher Kontrolle S. 141. Ferner bereits *Großmann-Doerth*, Selbstgeschaffenes Recht S. 26.

[23] 2. Teil, 2. Abschnitt III.

[23a] Ähnlich kritisch gegen eine Präventivkontrolle wegen der Vernachlässigung der Vertragsfreiheit jetzt auch *Schmidt-Salzer* III S. 43, für den allerdings nicht so sehr die mit der Vertragsfreiheit erstrebte Selbstbestimmung entscheidend ist, sondern die Verdrängung der Vertragsfreiheit als „fundamentales wirtschaftsrechtliches Ordnungsprinzip" problematisch ist. Wäre aber Vertragsfreiheit nur ein Ordnungselement und würde hinter ihr nicht das Prinzip der Selbstbestimmung stehen, dann bestünden gegen eine Präventivkontrolle keine grundsätzlichen, sondern nur praktische Bedenken, denn das Konzept der sozialen Marktwirtschaft, das die Vertragsfreiheit als Ordnungsprinzip voraussetzt, wird eben nicht als „wirtschafts*verfassungs*rechtliches Grundprinzip" anerkannt, wie *Schmidt-Salzer* (ebenda) offenbar meint.

[24] Siehe Fn. 22.

ven Recht ergänzt[25]. Der Gedanke der Vertragsfreiheit, Selbstbestimmung auch in den vertraglichen Beziehungen zu erreichen, geht aber endgültig verloren. Selbstbestimmung in irgendeiner Form der Teilnahme am Prozeß der Vertragsgestaltung ist nicht mehr vorgesehen. An ihre Stelle tritt wieder Kontrolle einseitig aufgestellter AGB, aber nicht Gestaltung durch alle Betroffenen. Zwar sind die „Genehmigungskammern" der „Bundesanstalt für Verbraucherschutz"[26] so besetzt, daß auch die Verbraucherverbände und Gewerkschaften an der Kontrolle mitwirken. Aber eine Mitgestaltung, wie sie hier als durch die Verfassung geboten angenommen wird, ist nicht gewährleistet. Die Entfaltung persönlicher Freiheit durch Teilhabe wird nicht einmal im Ansatz durch entsprechende Institutionalisierung ermöglicht. Vielmehr droht die Gefahr, daß private Fremdbestimmung durch bürokratische Fremdbestimmung ersetzt wird. Die „Genehmigungsmodelle" scheiden daher als Lösung aus[27].

3. Die Beteiligung der Verbände ist dennoch erwägenswert, insbesondere wenn man eine Parallele zum Tarifvertragssystem zieht, in welchem die individualvertraglich faktisch unmögliche Selbstbestimmung der Arbeitnehmer durch kollektive Formen der Selbstbestimmung ersetzt wird[28]. Auch bei Verträgen mit AGB ist wirtschaftliche Entfaltungsfreiheit wie sie hier durch die Verfassung garantiert und durch die Privatrechtsordnung als zu gewährleistende interpretiert wurde in der herkömmlichen Ausformung jenes Grundrechts als individuelle Vertragsfreiheit nicht möglich.

Eine Verbandsbeteiligung erscheint auch aufgrund weiterer Beobachtungen geboten. Wie die Auseinandersetzung mit dem Sozialstaatsprinzip zeigte, ist wirtschaftliche Entfaltungsfreiheit nicht nur wegen wirtschaftlicher Übermacht eines Vertragspartners ausgeschlossen[29]. Vielmehr wird z. B. bei den Versorgungs- und Verkehrsbetrieben Selbstbestimmung auch des wirtschaftlich Starken zurückgedrängt, wenn es um die Durchsetzung des Sozialstaatsprinzips geht. Soweit staatliche Macht wirksam wird, um eine sinnvolle, soziale Ordnung des Gemeinwesens zu erreichen, ist Entfaltungsfreiheit auch für denjenigen ausge-

---

[25] ASJ-Gesetzentwurf § 3 - § 5.

[26] ASJ-Gesetzentwurf § 6 - § 9.

[27] Gegen Formen der „Behördenkontrolle" auch *Koch*, ZRP 73, 89 ff., mit dem Argument, daß für eine vorbeugende Kontrolle der abstrakten Regeln bis jetzt die Entscheidungskriterien fehlen. Auch *Schmidt-Salzer* III S. 44 macht praktische Bedenken geltend und sieht es als Aufgabe des Gesetzgebers und nicht einer Kommission an, jene Kriterien festzulegen (*Schmidt-Salzer* III S. 46).

[28] Zu diesem Verständnis der Tarifautonomie vgl. *Richardi*, Kollektivgewalt S. 123 und *Roscher*, RdA 72, 279 ff. (280).

[29] Siehe dazu oben Dritter Teil, 3. Abschnitt III.

6*

schlossen, der eigentlich die Basis für freie Entfaltung im Sinne des liberalen Modells, nämlich Eigentum, hat. Mit der Verwirklichung des Sozialstaatsprinzips ist also, überspitzt formuliert, eine Art „Neomerkantilismus" einer interventionistischen Verwaltung entstanden. Dies allerdings nur, weil die enge Verbindung des Sozialstaatsprinzips mit dem Demokratieprinzip nicht beachtet wird[30].

Nun lassen sich aber in anderen Bereichen, in denen die staatliche Intervention zur Verwirklichung eines sozialen Gemeinwesens nötig wurde, Abwehrmaßnahmen beobachten. Es bildeten sich Verbände verschiedenster Art, um private Autonomie durch Organisation in politische umzuwandeln und dadurch auf den Staat Einfluß zu nehmen. „Mit der Verschränkung von öffentlichem und privatem Bereich (übernehmen) nicht nur politische Instanzen gewisse Funktionen in der Sphäre des Warenverkehrs und der gesellschaftlichen Arbeit, sondern auch umgekehrt gesellschaftliche Mächte politische Funktionen..."[31]. Der Einfluß dieser Verbände manifestiert sich vor allem bei der Gesetzgebung. Zum einen gehören in der BRD etwa 75 % der Abgeordneten einem Interessenverband an. Zum anderen beeinflußen die Verbände die Gesetzgebung durch die im Referentenstadium durchgeführten Anhörungen der interessierten Spitzenverbände[32]. In zahlreichen Beiräten, Ausschüßen etc. der Staatsbehörden werden sie hinzugezogen[33].

Als Konsequenz dieser Beobachtungen müßte man versuchen ein Modell zu entwickeln, bei welchem alle von AGB betroffenen Kreise in entsprechenden Interessenverbänden organisiert sind. Diese hätten dann, ähnlich wie die Arbeitgeberverbände und Gewerkschaften Tarifverträge aushandeln, AGB zu vereinbaren. Deren Verbindlichkeit für die Individualverträge müßte durch entsprechende gesetzliche Maßnahmen sichergestellt werden (zu diesen Maßnahmen im einzelnen siehe Abschnitt 2).

Das Ziel ist dann, Selbstbestimmung vermittelt durch Verbände zu verwirklichen. Wenn man aber die Verwirklichung individueller Entfaltungsfreiheit als oberste Norm festlegt und sie über Verbände zu erreichen versucht, ist es allein mit der Schaffung einer dem Tarifvertragswesen ähnlichen Einrichtung nicht getan. Die Möglichkeiten individueller Entfaltungsfreiheit sind vielmehr im wesentlichen ein Pro-

---

[30] Siehe dazu oben Dritter Teil, 3. Abschnitt III, 4.

[31] *Habermas*, Strukturwandel S. 273.

[32] In der Form der „Hearings" wurde dies in letzter Zeit auch der Öffentlichkeit deutlicher.

[33] Vgl. die Darstellung der Einflußmöglichkeiten bei *Hennis*, PVS 2 (1961), 23 ff. und die Gemeinsame Geschäftsordnung der Bundesministerien.

blem der inneren Struktur der Verbände. Diese muß gewährleisten, daß sich wirtschaftliche Entfaltungsfreiheit auch innerhalb der Verbände entwickeln kann.

Als einziger Weg, die Möglichkeiten zur freien Entfaltung zu schaffen, bleibt m. E. die demokratische Organisation der Verbände. Nur diese vermag dem Individuum die Chance der Beteiligung zu sichern, die es auf der Ebene des Individualvertrages nicht hat. Erst wenn der einzelne innerhalb des Verbandes formell und materiell gleichberechtigt und frei von äußeren Zwängen handeln kann und die innerorganisatorische Meinungsbildung auf dem Wege der herrschaftsfreien Diskussion erfolgt, ist Selbstentfaltung über Verbände vorstellbar. Allein unter diesen Voraussetzungen ist die Mitarbeit am Entscheidungsprozeß möglich, die die dann letztlich getroffene Verbandsentscheidung nicht mehr als Beschränkung der Entfaltung des einzelnen sondern als deren Betätigung erscheinen läßt.

Zu dieser „participatory democracy" muß bei den Vereinbarungen eine herrschaftsfreie Diskussion zwischen den Verbänden unter Berücksichtigung aller Umstände und in voller Publizität hinzukommen. Nur dann kann die schließlich getroffene Vereinbarung mit dem Anspruch auftreten, für alle einschlägigen Verträge verbindlich zu sein, ohne daß wirtschaftliche Entfaltungsfreiheit des einzelnen verfassungswidrig eingeschränkt wäre. Durch die demokratische Teilhabe an der Entscheidung über die Verbände und vorherige umfassende öffentliche Diskussion wird die Vereinbarung so legitimiert, daß Entfaltungsfreiheit nicht in ihrer Substanz gefährdet ist. Die Rechtsordnung kann solche „vereinbarten" AGB zulassen, weil sie nach einem demokratischen herrschaftsfreien und rationalen Willensbildungsprozeß die Vermutung der Vernünftigkeit so weit für sich haben, daß man davon ausgehen kann, der einzelne hätte sich bei individueller, selbstbestimmter Vereinbarung in der Regel auch für sie entschlossen.

II. Das Modell der participatory democracy im einzelnen

1. Die Voraussetzungen eines Modells der participatory democracy kann man nicht ohne weiteres als gegeben annehmen. Die Forderung nach Selbstbestimmung durch Teilhabe hat sich mit der heute zu beobachtenden „Oligarchisierung"[34] der Verbände auseinanderzusetzen, die Entscheidungen nach demokratischer Willensbildung verhindert und durch Entscheidungen der Führungsspitze von oben nach unten ersetzt.

---

[34] *Naschold*, Organisation S. 8.

Hierfür werden im wesentlichen drei Ursachen verantwortlich gemacht[35].

a) Die Entwicklung interner bürokratischer Strukturen mit hauptamtlich Tätigen und arbeitsteiliger Spezialisierung, die wiederum Weisungsmöglichkeiten von oben nach unten gibt. Dadurch wird die Macht der Führung verstärkt; außerdem ist das für die Bürokratie notwendige Kommunikationsnetz in der Hand der Führung, so daß Impulse von unten kontrolliert bzw. überhaupt unterdrückt werden können. Schließlich erhöht die Bürokratisierung das Fachwissen der Führungsspitze, welche bereits dadurch dem einzelnen Mitglied überlegen ist.

b) Die Statusdiskrepanz zwischen Führungs- und Mitgliedschaftsposition. Sie hat zur Folge, daß die Leitung des Verbandes bestrebt ist, errungene Positionen zu erhalten, was am einfachsten durch Manipulationen der Wahlmechanismen geschieht, die aber gerade für eine demokratische Teilnahme nicht eingeschränkt sein sollten.

c) Die dritte, sehr wesentliche Ursache für die oligarchischen Tendenzen ist die Apathie der breiten Mitgliedschaft, eng verbunden mit dem Problem der großen Zahl, welches oft rein tatsächlich die Mitwirkung auf wenige Interessierte beschränkt.

Auf solche Tendenzen hat man mit Abstrichen an der Norm der demokratischen Teilhabe reagiert. In Anbetracht der Diskrepanz zwischen Norm und Realität wurde ein Konzept der „new democracy" entwickelt bei welchem die Norm der „Mitgliederbeteiligung als eines Mittels zur individuellen Selbstentwicklung"[36] reduziert ist zugunsten einer beschränkten Mitwirkung. Im wesentlichen wird das politische Repräsentativkonzept von *John St. Mill* auf Verbände übertragen. Entscheidungen treffen Repräsentativorgane, welche als kleine Elite in der Lage sein sollen das Wohl der Verbandsmitglieder zu wahren. Institutionelle Regelungen sehen vor, daß die Mitglieder in periodischen Wahlen die Vertretungsorgane neu bestimmen. Dies ist heute in den Verbänden und Parteien die übliche Mitwirkungsform.

Diese elitäre Demokratie beseitigt zwar die Schwierigkeiten innerorganisatorischer Demokratie, was aber nur zulasten des verfassungsrechtlich festgelegten und hier angestrebten Ziels der Verwirklichung von Selbstbestimmung gelingt. Das „more realistic" Konzept läßt die umfassende Mitwirkung der Mitglieder, die participatory democracy nicht zu. Statt dieser Anpassung der normativen Basis der innerorganisatorischen Demokratie an die Verhältnisse ist daher eine umfassende Veränderung in der Organisation der Verbände nötig.

---

[35] Siehe zum folgenden *Naschold*, Organisation S. 14 f.
[36] *Naschold*, Organisation S. 48.

Im Rahmen dieser Arbeit ist es nun allerdings nicht möglich, solch ein organisationssoziologisches Konzept der demokratischen Beteiligung der Mitglieder eines Verbandes an Entscheidungen zu entwickeln. Dazu wären umfassende Erörterungen nötig, die über den rechtswissenschaftlichen Bereich weit hinausreichten und hier nicht geleistet werden können. Insoweit wird auf die bereits mehrfach zitierte Studie *Nascholds* verwiesen. Es kann sich daher nur darum handeln, gesellschaftliche Tendenzen aufzuzeigen, die eine positive Entwicklung zur Verwirklichung von Selbstbestimmung über Verbände nicht ausschließen.

Gegen die Tendenz zur Oligarchie in den Verbänden kann sehr wesentlich die weitere wirtschaftliche und gesellschaftliche Entwicklung wirken. Je mehr die Arbeitszeit des einzelnen verkürzt wird, um so mehr steigern sich seine zeitlichen Möglichkeiten, an den Entscheidungsprozessen in den Organisationen teilzunehmen. Allerdings kann man in der Tat zum gegenwärtigen Zeitpunkt für eine „Freizeitgestaltung" in diesem Sinne „nicht auf die allgemeine Zustimmung derer ... hoffen, die privatere und unpolitischere Steigerungsformen des Lebens bevorzugen"[37]. In diesem Zusammenhang ist aber beachtenswert, daß zumindest Ansätze für eine Steigerung des allgemeinen Ausbildungsniveaus bestehen. Geht man nun davon aus, daß bei höherem Ausbildungsniveau die reine Konsumentenhaltung zugunsten eines über den individuellen Bereich hinausgehenden Engagements zurücktritt, erscheint eine Änderung der apathischen Haltung der Verbandsmitglieder möglich. Hinzukommen Demokratisierungstendenzen in anderen Bereichen der Gesellschaft, die sich auch für die Verbände positiv auswirken können. Zu nennen sind hier die Ausdehnung der Mitbestimmung in den Betrieben, den Hochschulen und den Schulen. Solche Änderungen können insoweit Auswirkungen haben, als sie den einzelnen auch zur Beteiligung in den Verbänden motivieren[38].

Zu warnen ist allerdings vor einem demokratischen Optimismus, der von einer automatischen Demokratisierung ausgeht. Sie ist nur in einem langwierigen und konfliktreichen Prozeß denkbar, bei welchem auch den vorhandenen Tendenzen entsprechende institutionelle Änderungen nötig sind. Auf die Vorschläge, die *Naschold* dazu gemacht hat, wurde bereits oben verwiesen.

---

[37] *v. Beyme*, Interessengruppen in der Demokratie 1969, S. 193.

[38] Bereits heute halten es nach einem Forschungsbericht von *Biervert* (Tab. 4.4.14 und 15) 92 % derjenigen, die bereits mit einer Verbraucherorganisation durch Beratung in Verbindung gekommen sind, für sinnvoll, diese zu unterstützen; bei einer für die BRD repräsentativen Gruppe sind es 66 %. Aus diesen Gruppen sind bereit einem Verbraucherverband beizutreten und monatlich einen kleinen Beitrag zu leisten 79 % bzw. 46 %.

2. Einzugehen ist auf die Frage der Organisation der Interessen. Für den Bereich der Unternehmen ist sie unproblematisch, dort gibt es regional und überregional gut organisierte Interessenverbände. Anders ist jedoch die Lage bei den Verbrauchern. Zwar gibt es Verbraucherverbände, einen Mieterbund u. ä., jedoch kann man von Massenorganisationen ähnlich z. B. den Gewerkschaften nicht sprechen, so daß gegen Vereinbarungen, an denen sie mitgewirkt haben, immer der Vorwurf möglich ist: Sie könnten für bestimmte Gruppen nicht sprechen, weil diese an der Meinungsbildung im Verband nicht teilgenommen hätten, so daß ihre Interessen in der Diskussion unberücksichtigt blieben. Die Legitimation für beschränkte Selbstbestimmung beim Einzelvertrag, demokratische Teilhabe an der Entscheidungsbildung und rationale Diskussion, entfiele.

Ferner ist auf die Problematik hinzuweisen, die entsteht, wenn man auf Seiten der Verbraucher nur Verbände mitwirken läßt, die sich bisher speziell der Konsumsphäre gewidmet haben, also jene soeben genannten Verbraucherverbände. Sie formulieren Ziele, die sich ausschließlich aus der Rolle des einzelnen als Verbraucher ergeben. Derselbe Verbraucher ist aber als Arbeitnehmer in der Gewerkschaft organisiert, bzw. wird faktisch nach den von dieser ausgehandelten Tarifverträgen behandelt. Dadurch kann ein Konflikt zwischen verschiedenen „Organisationen von Unterprivilegierten"[39] entstehen. Dieser Konflikt wiederum hätte eine weitere Stärkung der Position der geschlossen auftretenden Unternehmen zur Folge, insbesondere wenn die Gewerkschaften von der Vereinbarung der AGB ausgeschlossen würden, so daß sie gegen die Verbraucherverbände ausgespielt werden könnten.

Auch diese Probleme der Organisation der Verbraucher sind lösbar. Sie sind vor allem Probleme des Bewußtseins, als Verbraucher eine gesellschaftlich relevante Gruppe mit eigenen Rechten zu sein. Solange der Verbraucher mit den Mitteln einer weitgehend psychologisierten Werbung, d. h. einer Werbung, die Verbraucherwünsche weckt, „deren Notwendigkeit für den Verbraucher selbst nicht kontrollierbar ist"[40], in den Prozess der Steigerung der Produktivität eingespannt wird, solange ist eine kritische Einstellung zu der Art und Weise des Konsums von ihm nicht zu erwarten. Er bleibt passiv und ist für eine Verbesserung seiner Lage, die über die Vergrößerung des Angebots einer ansprechenden Auswahl von Gütern hinausgeht, in dem Sinne, daß auch er über die Bedingungen der Vertragsabwicklung bestimmt, nicht inter-

---

[39] *Däubler*, Konsumenten-Ombudsmann und Verbraucherselbsthilfe, in „Gerechtigkeit" S. 64.

[40] *K. Simitis*, Werbung und Vertragsfreiheit, in „Gerechtigkeit" S. 69.

essiert. Daran ändern auch die nachteiligen Auswirkungen dieser Bedingungen nichts, wenn ihm z. B. statt Gewährleistung im Sinne einwandfreier kostenloser Wiederherstellung eines Kaufgegenstandes nur Ersatzteile kostenlos gestellt werden und der Arbeitslohn von ihm gezahlt werden muß[41]: Dies trifft nur den vereinzelten Verbraucher, der als solcher einen Kampf für aussichtslos hält und daher passiv bleibt.

Vordringlich ist es daher, hier Änderungen herbeizuführen und ein „Konsumentenbewußtsein" zu entwickeln, wenn man auf Konsumentenorganisationen baut, um Selbstbestimmung zu verwirklichen[42]. Auch dabei ist wiederum sehr wesentlich die Steigerung des Ausbildungsniveaus und die öffentliche Auseinandersetzung, um den einzelnen die gemeinsame Lage deutlich zu machen. Dies kann staatlicherseits geschehen durch Einrichtungen wie die Stiftung Warentest, die sich auch schon mit dem sog. „Kleingedruckten" auseinandergesetzt hat.

Fraglich bleibt aber, ob unsere Ordnung so effektive Aktionen wie z. B. *Ralph Naders* Untersuchung „Unsafe at any speed" zuläßt. Die Unternehmen können sich gegenüber Angriffen zunächst einmal auf ihr Recht am eingerichteten und ausgeübten Gewerbebetrieb berufen und damit viele solcher Aktionen zu einem existenzvernichtenden Risiko machen[43]. Die von der Rechtsprechung entwickelte Generalklausel, die dieses „Recht" praktisch darstellt[44], kann also dazu benutzt werden, Machtpositionen zu stützen[45]. Abhilfe kann wohl nur eine gesetzliche Regelung schaffen, die den extensiven Unternehmensschutz soweit „rationalisiert", daß die Eingriffsgrenzen deutlich konturiert und nicht erst durch den Richterspruch aufgezeigt werden. Dies dürfte Voraussetzung für einen stärkeren Einsatz von Presse, Rundfunk und Fernsehen für die Bewußtseinsbildung der Verbraucher sein[46]. Eine weitere Möglichkeit, die Verbraucherorganisation als umfassendere Vertretung der Verbraucher zu entwickeln, ist schließlich die Zusammenarbeit mit

[41] So z. B. für Kühlaggregate mit 5-Jahresgarantie nach Ablauf des ersten Jahres. Vgl. z. B. die AGB der Fa. Bosch V, 3a, bei *M. Rehbinder*, Kaufrecht S. 30.

[42] Dies betont auch *Grunsky*, BB 72, 1113 als wesentlich.

[43] Über das Kostenrisiko. Beispielhaft der Prozeß des VW-Werkes gegen die Testzeitschrift „DM", in welchem der Streitwert nach dem Interesse des VW-Werkes auf 2 Mill. festgesetzt wurde, OLG Celle NJW 64, 1527.

[44] So *Esser*, Schuldrecht II, § 107 II, 2c.

[45] Auf diese Funktion der Generalklauseln hat bereits *Franz Neumann* hingewiesen, Funktionswandel, VI, S. 42.

[46] Hierbei treten allerdings für die Massenmedien Probleme auf. Sie sind von der Werbung der Unternehmen, die sie kritisieren wollen, abhängig. Kommt man aber zu einem Nebeneinander von Werbung und Kritik, so wirkt die Werbung oft gerade gegen die Bildung eines kritischen Bewußtseins, vgl. dazu *K. Simitis*, Werbung und Vertragsfreiheit, in „Gerechtigkeit", S. 67 ff.

den Gewerkschaften. Statt eines Gegeneinanderarbeitens dieser Organisationen würde wegen der Vertretung der z. T. gleichen Bürger deren gemeinsame Arbeit sich empfehlen[47].

3. Wie bereits ausgeführt muß nach der verbandsinternen demokratischen Diskussion bei den Vereinbarungen zwischen den Verbänden
eine herrschaftsfreie Diskussion gewährleistet sein. Ohne diese würde
der Effekt der Teilhabe auf Verbandsebene wieder zunichte gemacht,
indem die mächtigen Verbände ihre Interessen einseitig durchsetzen.

Die umfassende herrschaftsfreie Diskussion setzt voraus, daß die Beteiligten in der Lage sind, mit vernünftigen Argumenten das für alle
gleichermaßen Nützliche herauszufinden und so schließlich zu einem
Konsens zu gelangen, der jedermann in seinen Auswirkungen zuge-
mutet werden kann. Versucht werden muß also, jene rationalen AGB
zu finden, nunmehr unter Beteiligung aller Betroffenen, die angeblich
die einseitige Aufstellung schon heute hervorbringt, was aber wegen
der Interessengebundenheit bisher nicht möglich ist[48]. Sofern zwischen
den organisierten Vertragspartnern nur *Meinungsverschiedenheiten*
auftreten, sind diese zu überwinden, indem mittels Diskussion eine gemeinsame Wertungsgrundlage gefunden wird. Da sich die Diskussion
öffentlich vollzieht, genügt i. d. R. ein nur subjektiver Konsens zw. den
direkt Beteiligten nicht. Vielmehr zwingt die Öffentlichkeit dazu, das
Zusammenstimmen auch vor dieser zu rechtfertigen, so daß der schließlich gefundene Kompromiß nicht nur partikularen, sondern gesamtwirtschaftlichen Interessen genügen muß.

Bei den Versorgungs- und Verkehrsbetrieben ist solch ein allgemei-
nes Interesse festgestellt worden, aufgrund dessen ein Konsens über die
AGB wohl herbeizuführen ist[49]. Sofern es Schwierigkeiten gibt, dürften
sie in der Tat nur auf Meinungsverschiedenheiten zurückzuführen sein,
die durch Diskussion zu überwinden sind.

Schwieriger wird die Lage bei den AGB der Wirtschaft. Dort werden
nicht nur Meinungsverschiedenheiten zutage treten, sondern *Interessengegensätze* aufbrechen. Auf der Seite der Unternehmen geht es
um Rentabilität des eingesetzten Kapitals und um Gewinnsteigerung
auf der Seite der Verbraucher um maximale Befriedigung ihrer Bedürfnisse, zu der z. B. auch gehört, daß im Falle eines Streites aus dem

---

[47] Allerdings ist das mit Schwierigkeiten verbunden, weil im Einzelfall die
Interessen der Arbeitnehmer, die gerade nur als Verbraucher betroffen sind,
sicher oft zurückgedrängt werden. Auch hier könnten Änderungen erreicht
werden, wenn bei einer engeren Verflechtung das Bewußtsein für die
gleichlaufenden Interessen geschärft wird.

[48] Siehe dazu oben Zweiter Teil, 2. Abschnitt II.

[49] S. oben Dritter Teil, 3. Abschnitt III.

Vertrag, der Gerichtsstand nicht so weit vom Wohnort entfernt liegt, daß auf Durchsetzung von Rechten von vornherein verzichtet wird. Zwischen den Unternehmen z. B. Herstellern und Zulieferern geht es zwar in der Regel um ein gleichartiges Interesse, aber es ist im Grunde doch entgegengesetzt, weil jedes Unternehmen seine Rentabilität zu Lasten der anderen steigern möchte.

Der Interessenantagonismus, der auf individualvertraglicher Ebene von Anbeginn des Liberalismus an sich so auswirkte, daß individuelle Selbstbestimmung für viele nie verwirklicht wurde, würde sich also auch auf der hier erwogenen kollektiven Ebene fortsetzen. Den damit auftretenden Gefahren für den rationalen Kompromiß ist daher durch geeignete Maßnahmen zu begegnen.

a) Es liegt nahe, auf ein bereits verwirklichtes Modell kollektiver Selbstbestimmung zu verweisen: Das Aushandeln von Arbeitsbedingungen durch Gewerkschaften und Arbeitgeber in Tarifverträgen. Wenn die Kompromißbildung dort möglich ist, scheint sie auch für den Bereich der AGB möglich. Diese Parallele ist jedoch ausgeschlossen. Gerade das Tarifvertragswesen zeigt mit aller Deutlichkeit, daß rationale Diskussion mit einem allseits anerkannten Ergebnis bei Interessengegensätzen in der Regel sehr erschwert ist. Um zu einer Einigung zu gelangen, bedarf es zumindest latent vorhandener bzw. auch ausgeübter Machtmittel, mit welchen man den Vertragspartner unter Druck setzen kann. Ohne die Gewährleistung des Streikrechts ist für die Gewerkschaften der Interessenausgleich nicht erreichbar, während die Arbeitgeber aufgrund des Eigentums an den Produktionsmitteln entsprechenden Gegendruck zu erzeugen vermögen[50]. Solche Druckmöglichkeiten sind aber hier nicht eingeplant. Denn gleichgültig wie man sie ausgestalten würde, z. B. durch gesetzliche Maßnahmen zur Erleichterung des Boykotts durch die Käufer bestimmter Waren[51], fehlt es dem so herbeigeführten Ausgleich an der verlangten Rationalität, wie sie von der umfassenden Diskussion erwartet wird. Wichtiger aber ist, daß nur ein labiles Interessengleichgewicht erreicht würde, abhängig von temporären Machtkonstellationen, die sich in Krisenzeiten so verändern, daß wieder einseitige Interessenverwirklichung eintritt. Beispielhaft dafür sind die Folgen der 1929 einsetzenden Weltwirtschaftskrise und der damit konform gehenden Verdrängung der demokratischen Parteien durch die NSDAP. Die dadurch bewirkte Schwächung der Partner, die das Weimarer System der „kollektiven Demokratie" stützten — vor allem demokratische Parteien, Unternehmer und Ge-

---

[50] Nach der h. M. aufgrund eines aus Art. 9 III abgeleiteten Rechtes auf Aussperrung.

[51] *Däubler,* in „Gerechtigkeit" (Fn. 17) S. 64.

werkschaften — machte die „Aufrechterhaltung der sozialen Institutionen unmöglich", „seit etwa 1931 funktionierte ... das Tarifvertragssystem nicht mehr"[52]. Die Krise hatte insbesondere die Organisationen der Arbeitnehmer so geschwächt, daß an eine Ausübung von Druck überhaupt nicht zu denken war. Ebensowenig könnten z. B. die Verbraucher gegen den Produzenten eines augenblicklichen Mangelprodukts bestimmte Bedingungen für die Vertragsbeziehungen durchsetzen.

b) Weiter wäre daran zu denken, für den Interessenantagonismus bei den AGB ein Allgemeininteresse zu suchen, auf welches hin die konkurrierenden Interessen sich ausrichten könnten. Solche Versuche werden seit geraumer Zeit im Kollektivvertragsrecht gemacht. Verschiedene Autoren wollen die Tarifvertragspartien bei ihren Vereinbarungen an das „Gemeinwohl" binden, da nur bei dessen Beachtung eine Befugnis zur Festlegung der Arbeitsbedingungen gerechtfertigt ist. Ausgegangen wird davon, daß es trotz des Interessengegensatzes ein Ziel, eben jenes „Gemeinwohl" gibt, auf welches hin sich vernünftige Partner in rationaler Diskussion einigen können. Dieses gemeinsame Interesse wird dann näher bezeichnet als Produktivität der Wirtschaft, Stabilität des Preisniveaus, Stabilität der Währung[53].

Die gleiche Tendenz zeigt die sogenannte konzertierte Aktion. In ihr versucht der Staat, mit Hilfe von zwei zentralen Gewerkschaften und sechs Spitzenverbänden der Unternehmen[54] sowie Vertretern der Landwirtschaft[55] entsprechend § 3$^\mathrm{I}$ StabG Orientierungsdaten für Gewerkschaften und Arbeitgeberverbände aufzustellen, um so darauf hinzuwirken, daß die Ziele des § 1 StabG erreicht werden: Stabilität des Preisniveaus, hoher Beschäftigungsstand, außenwirtschaftliches Gleichgewicht, stetiges und angemessenes Wirtschaftswachstum. Die Daten sind zwar nur zur Orientierung gedacht, also nicht als absolute Gemeinwohlgrenze wie jener Versuch der Beschränkung der Tarifautonomie. Aber auch hier wird davon ausgegangen, daß bestimmte wirt-

---

[52] *Franz Neumann,* Funktionswandel VI, S. 33.

[53] Vor allem *Bulla,* Soziale Selbstverantwortung der Sozialpartner als Rechtspflicht, Festschrift für Nipperdey zum 70. Geburtstag, Band II, S. 79 ff.; dagegen *Reuß* ZfA 70, 319 ff. (326 ff.) u. ö. Auch *Zöllner - Seiter* ZfA 70, 156 sehen in jenen Zielen „Belange des Gemeinwohls", statuieren aber keine rechtliche Pflicht der Tarifpartner zur Beachtung dieser Ziele, sondern stellen nur fest, daß die Festlegung der Arbeitsbedingungen diese Belange berührt.

[54] DGB, IG Metall; BDI, DDA, DIHT, Bundesverband des privaten Bankgewerbes, Zentralverband des Deutschen Handwerks, Bundesverband des Deutschen Groß- und Einzelhandels.

[55] Die Landwirtschaft wird in die konzertierte Aktion seit dem 24. 10. 1969 einbezogen.

schaftliche Ziele dem allgemeinen Wohlstand dienen, so daß ein Kompromiß in den Verhandlungen der Partner auf diese Ziele hin als möglich und wünschenswert erscheint.

In entsprechend modifizierter Form ließe sich ein so definiertes Allgemeininteresse auch als Konsensbasis für die Verhandlungen über AGB einsetzen, um den Interessengegensatz zu überwinden. Geht man aber so vor, endet der Weg des Modells bei dem Ausgangspunkt, um dessentwillen das Problem der Vertragsfreiheit hier erneut behandelt wurde, nämlich bei der Abhängigkeit der einzelnen Bürger von dem wirtschaftlich Starken, bei der Fremdbestimmung und nicht bei verwirklichter Entfaltungsfreiheit. Die Ursachen dazu liegen in der Vorrangigkeit des wirtschaftlichen Wachstums in jenem Zielekatalog: Wachstum hängt von der richtigen Menge von Investitionen am richtigen Ort ab, andererseits entstehen durch Investitionen neue Arbeitsplätze, so daß die Gefährdung des Wachstums auch die Gefährdung der Vollbeschäftigung zur Folge hat. Wie diese Investitionen vorzunehmen sind, entscheiden nun in unserem Wirtschaftssystem nicht die dem Allgemeinwohl von verfassungswegen verpflichteten Politiker, sondern die Unternehmen. Diese jedoch richten ihre Entscheidungen nicht nach politischen Prioritäten, beabsichtigen nicht die Befriedigung bestimmter gesellschaftlicher Bedürfnisse, sondern investieren aufgrund ihrer Absatz- und Gewinnerwartungen. Entsprechend ist die Rückwirkung auf die Entscheidungen nach jenem „Allgemeininteresse": Zwingend haben sie so auszufallen, daß die Rentabilität des eingesetzten Kapitals nicht geschmälert wird, ja sie müssen sogar auf Kapitalexpansion ausgerichtet werden. Das „Allgemeininteresse" reduziert sich auf das Gewinninteresse, „das Wohlergehen der autonomen Unternehmen (ist) nicht mehr nur eine Angelegenheit dieser Unternehmer, sondern aller", ... „alle Mitglieder der Gesellschaft, Arbeitnehmer wie Arbeitgeber, Verbraucher wie Staat (sollten) für dieses unternehmerische Wohlergehen eingespannt werden und dafür Opfer bringen"[56].

Werden Vereinbarungen über AGB aufgrund dieses „Allgemeininteresses" getroffen, so wird der Interessengegensatz ebenso einseitig wie bei individuell vereinbarten AGB zugunsten der Unternehmen entschieden. Nunmehr nicht als „Sachzwang", sondern als „Allgemeininteresse" verschleiert findet das Profitinteresse der einen Seite, also das partikulare Interesse der Unternehmen, allein Berücksichtigung. AGB haben ebenfalls der Gewinnmaximierung zu dienen.

Damit aber bliebe das angestrebte Ziel der Emanzipation von Herrschaftsverhältnissen weiter unerreicht, indem das Gesamtinteresse der

---

[56] *Huffschmid* S. 135.

Gesellschaft an umfassender Befreiung, d. h. auch Befreiung von nicht erfüllten sozialen Bedürfnissen, die möglicherweise zu Lasten des Profits gehen muß, durch das Interesse des Kapitals verdrängt würde. Jene Machtverhältnisse bleiben unverändert erhalten, die bereits mit individueller Vertragsfreiheit begründet wurden und aufgrund derer gesellschaftliche Entwicklung der Disposition der Unternehmen ausgeliefert wäre. Die Parallele zu Entwicklungen im Tarifvertragsrecht, die im übrigen dort aus den gleichen Gründen wie hier für die AGB dargestellt, problematisch sind, kann also nicht gezogen werden: Der festgestellte Interessengegensatz ist nicht durch die angeblich gefundene Konsensbasis „Gemeinwohl" zu beseitigen.

c) Als geeignete Maßnahme gegen die einseitige Interessenwahrnehmung ist demgegenüber die Gewährleistung der Öffentlichkeit bei den Verhandlungen zwischen den Verbänden anzusehen. Zwar erschwert auch bei hergestellter Öffentlichkeit der Interessengegensatz einen Konsens, bzw. es besteht die Tendenz ihn einseitig zugunsten der wirtschaftlich Stärkeren zu entscheiden, weil die Meinung der Öffentlichkeit manipuliert werden kann. Manipuliert in jene bereits geschilderte Richtung, daß Ertragssteigerung, auch mit dem Mittel der AGB, dem Allgemeinwohl diene. Dennoch wird die Sphäre, die bisher als individualvertragliche nur von einer Seite beeinflußt wurde, der Kritik und Kontrolle auch derjenigen geöffnet, die sich den AGB unterwerfen mußten. Diese Öffnung bedeutet allerdings nicht, daß sich damit Kritik und Kontrolle automatisch einstellen, schon wegen der erwähnten Manipulationen und der innerorganisatorischen Schwierigkeiten nicht. Aber zumindest eine Chance dafür besteht, ganz im Gegensatz zum Individualvertrag. Dort bleibt Selbstbestimmung als Kontrolle der Vertragsbedingungen an wirtschaftliche Macht gebunden. Im Bereich der öffentlichen Diskussionen und Vereinbarung *kann* sich davon unabhängige Autonomie entfalten, weil der Bürger „durch (die Organisationen) ... hindurch, einen kritischen Prozeß öffentlicher Kommunikation in Gang setzen" (kann)[57]. Selbst wenn sich schließlich partikulare Interessen mittels wirtschaftlicher Macht durchsetzen, ist durch die öffentliche Kommunikation zumindest die *Darstellung* der Durchsetzung partikularer Interessen möglich. Dies erschwert aber jeweils die Ausübung von Druck, weil er rational und zwar für alle und nicht nur für die davon Begünstigten, nicht mehr einsehbar ist. Ein schrittweises Zurückdrängen der Ausübung von Zwang erscheint daher auf der Ebene des Aushandelns mittels Publizität möglich. Dadurch wird aber in immer größerem Umfang Freiheit von Fremdbestimmung, also Selbstbestimmung für die Bürger gewonnen.

---

[57] *Habermas*, Strukturwandel S. 274.

Ein weiteres wichtiges Moment ist auch hier die Fortentwicklung der Produktivkräfte. Sie hat einen sehr hohen *gesellschaftlichen* Reichtum[58] zur Folge, der sich unablässig vermehrt. Seine Verteilung nur an wenige wird von diesen zwar erstrebt. Der öffentliche Diskurs darüber kann diese Verteilung jedoch fragwürdig machen. Beispielhaft hierfür ist in neuester Zeit die öffentliche Diskussion über den Umweltschutz. Obwohl Gewinnsteigerung und damit Wachstum Rücksichten auf die Umwelt zumindest kurzfristig, d. h. für mehrere Jahrzehnte (bis die Arbeitskräfte so unter der Umweltschädigung leiden, daß sie nicht mehr für die Produktion einsatzfähig sind), nicht erfordert, ja diese der Gewinnvergrößerung sogar schaden, ist die Verteilung des ohne solche Rücksichtnahme gewonnenen Reichtums durch die öffentliche Diskussion in Zweifel gezogen worden. Geschah dies zunächst nur von seiten der Wissenschaftler, wandten sich schließlich auch Gewerkschaften und Politiker der SPD und FDP[59], sowie der CDU/CSU[60] zumindest gegen unkontrolliertes Wachstum in Ballungszentren. Es sei „unkontrolliertes Wachstum dort zu verhindern, wo es zu unzumutbaren Verschlechterungen der Lebensqualität für die großstädtische Bevölkerung führt"[61]. Der gesellschaftliche Reichtum hat offenbar schon einen solchen Umfang erreicht, daß die bisherige Verteilung, orientiert am Besitz dieses Reichtums und der damit verbundenen wirtschaftlichen Macht, nicht mehr als zwingend empfunden wird. Andere Bedürfnisse, die bisher im Gegensatz zur herkömmlichen Verteilung standen und deshalb unterdrückt wurden, können ihre Befriedigung verlangen. Die Bestimmung der weiteren gesellschaftlichen Entwicklung allein durch das Wachstum und damit durch jene, die über die Gewinnsteigerung entscheiden, wird allgemein fragwürdig. Dies hat zur Folge, daß bestehende Interessengegensätze an Schärfe verlieren, sachliche Diskussion, statt Durchsetzung von Interessen wird möglich[62].

Nun krankt dieses Beispiel daran, daß es sich bei den AGB nicht um einen solch lebenswichtigen Bereich handelt, wie ihn der Umweltschutz darstellt. Andererseits ist der Eingriff in den bisherigen Verteilungs-

---

[58] Gesellschaftlicher Reichtum = das Potential, welches durch die gesellschaftliche Arbeit geschaffen wird, um die für die Reproduktion des Lebens notwendige Befriedigung von Bedürfnissen zu erreichen. Es umfaßt Produktionsmittel, die mit diesen produzierten Waren, Kapital.

[59] z. B. auf der 4. Internationalen Konferenz der IG Metall in Oberhausen vom 11. bis 14. 4. 1972 unter dem Thema: Aufgabe der Zukunft: Verbesserung der Lebensqualität.

[60] Große Anfrage des Abgeordneten Dr. Warnke und der Fraktion der CDU/CSU betreffend Regionale Strukturpolitik und Raumordnung, BT-Drucksache VI 3667.

[61] Anfrage a.a.O. S. 4/5.

[62] Ähnlich hoffnungsvoll *Habermas*, Strukturwandel S. 277.

modus von gesellschaftlichem Reichtum bei den AGB nicht so schwerwiegend wie dort. Der Verzicht auf die herkömmlichen Gerichtsstandsklauseln verursacht eben nicht solche Kosten wie z. B. der Bau biologischer und chemischer Kläranlagen. Auch hier ist es daher zumindest nicht unrealistisch, daß durch Expansion des gesellschaftlichen Reichtums jene interessengeprägte Rechtfertigung der gegenwärtigen Gestalt der AGB — Erhöhung der Rentabilität des eingesetzten Kapitals und damit des Gewinns — bei öffentlicher Diskussion zurückgedrängt wird und sich die Interessengegensätze mildern.

Zusammenfassend läßt sich sagen, daß jenes hier erwogene Modell keine „glatte" Lösung des Problems der Verwirklichung von Selbstbestimmung im wirtschaftlichen Bereich, konkret bei Verträgen mit AGB, bringt. Die Gefahren seiner Umwandlung in ein Herrschaftsinstrument gleich dem der Vertragsfreiheit sind wie dargestellt groß. Es kann so mißbraucht werden, daß die brüchig gewordene Legitimation der bestehenden Fremdbestimmung durch „Wirtschaftsverfassung", Eigentumsordnung und Sozialstaatsprinzip ersetzt wird durch dieses Modell und Selbstbestimmung weiterhin unverwirklicht bleibt. Ebenso besteht aber im gegenwärtigen Zustand zumindest eine Chance, daß durch gesetzgeberische Maßnahmen zur Verwirklichung des Modells und durch Aktivität der angesprochenen Gruppen Herrschaft abgebaut und die Möglichkeit der Selbstbestimmung im wirtschaftlichen Bereich gegenüber heute vergrößert wird. Welche gesetzlichen Regelungen vorzunehmen sind, wird im 2. Abschnitt näher ausgeführt.

2. Abschnitt

Vorschläge für eine Verwirklichung des Modells der participatory democracy

Sieht man eine Chance der Verwirklichung von Selbstbestimmung bei den AGB über Verbände, so ist durch gesetzliche Regelungen der Vereinbarungsprozeß zu institutionalisieren (1). Wesentlich wichtiger, aber auch problematischer, ist die Sicherstellung der allgemeinen Beachtung der AGB-Vereinbarungen. Zusammenhängend damit ist zu klären, für welchen Bereich solche Abmachungen getroffen werden dürfen (2). Das Verhältnis zwischen AGB neuer Art und Individualverträgen bedarf ebenso der Erörterung (3) wie die Übergangsproblematik (4).

1. a) Problematisch beim Vereinbarungsvorgang ist zunächst die Auswahl der zu beteiligenden Verbände. Im Gegensatz zum Arbeitsrecht kann man hier nicht auf ein ausgebildetes Verbandssystem zurückgreifen. Es sind daher sehr allgemein formuliert alle Verbände zu

beteiligen, die für eine Wahrnehmung der Interessen von Bürgern und Unternehmen, die von AGB betroffen sind, in Frage kommen. Davon sind Einzel- und Spitzenverbände mit umfaßt. Um eine Übersicht zu ermöglichen, ist es empfehlenswert, ein Register all jener Verbände einzuführen. Um Mißbrauch zu verhindern, könnte die Eintragung in ein solches, sinnvollerweise beim Bundeswirtschaftsministerium geführtes Register an bestimmte Voraussetzungen geknüpft werden. Solche Voraussetzungen könnten z. B. eine bestimmte Mitgliederzahl und eine Satzung mit definiertem Ziel des Verbandes sein. Auch wäre eine Klarstellung, welche Interessen der Verband vertritt, nötig. Ferner müßte die Satzung Elemente einer demokratischen Organisation enthalten. Diese Anforderung könnte im Sinne des oben angedeuteten Modells von participatory democracy näher bestimmt werden, indem z. B. bei überregionalen Verbänden Regionalverbände einer sinnvollen Größe, Minderheitrechte, also insbesondere Antragsrechte, umfassende Information der Mitglieder und Möglichkeiten der freien Kommunikation zwischen den Mitgliedern über die Informationswege des Verbandes, Beteiligungspflicht der Unterverbände an Entscheidungen u. a. m. verlangt werden.

b) Fraglich ist, ob man für die Verbände ähnlich wie im Arbeitsrecht Gegnerunabhängigkeit fordern soll. Für die Verbraucherverbände scheint dies sinnvoll, denn neuere Untersuchungen haben ergeben, daß unter dem Deckmantel der Verbraucheraufklärung Absatzförderung für Produkte der Industrie bzw. konkret der Landwirtschaft betrieben wird[63].

In der Wirtschaft ist die Lage jedoch dadurch kompliziert, daß dort Unternehmensverbände oft nach äußerlichen Kriterien wie z. B. „metallverarbeitende Industrie" gebildet werden. Eine solche Gliederung ist ohne Zweifel sinnvoll für den Bereich des Arbeitsrechts. Für die Vereinbarung von AGB bedeutet dies aber, daß z. B. Großunternehmen und ihre Zulieferer in einem Verband organisiert sind, obwohl sie auf der Vertragsebene verschiedene Ziele verfolgen. Zu einem Aushandeln von AGB kann es, zumindest bei der heutigen stark oligarchisierten Struktur der Wirtschaftsverbände nicht kommen, vielmehr würden die Großunternehmen bereits im Verband ihren Einfluß bei der Gestaltung der AGB ebenso geltend machen, wie sie heute den Zulieferern die Bedingungen diktieren. Hinzu kommen die Beteiligungen der Großbanken an verschiedenen Unternehmen, die in Verbänden mit möglicherweise gegensätzlichen Interessen organisiert sind. Innerhalb eines

---

[63] Vgl. dazu den Forschungsbericht von *Biervert* (im Auftrag des Ministerpräsidenten des Landes Nordrhein-Westfalen) über die Wirksamkeit der Verbraucheraufklärung, vor allem die Schilderung der Tätigkeit des Bundesausschuß für volkswirtschaftliche Aufklärung (BAVA) S. 72 ff.

Verbandes können sie dann zugunsten anderer Interessen ihren Einfluß geltend machen, ohne daß eine Gegnerabhängigkeit offenbar wird. In kleinerem Maße ist dies natürlich auch Großunternehmen möglich, die in anderen Verbänden Einfluß gewinnen, und zwar über Tochterunternehmen, die an sich, sofern sie sich an ihrem eigenen Gewinn und nicht an dem des Großunternehmens orientierten, entgegengesetzte Interessen bei der Gestaltung der AGB verfolgen müßten.

Um diese Gefahren zu vermeiden, kann man hier nicht mit dem Merkmal der Gegnerunabhängigkeit arbeiten, weil die Interessenverflechtungen kaum nach praktikablen Gesichtspunkten, wie dies ohne weiteres bei den Verbraucherverbänden möglich ist, zu trennen sind. Man wird daher auf das Merkmal der Gegnerunabhängigkeit bei den Wirtschaftsverbänden verzichten und darauf bauen müssen, daß bei der Bildung von Abhängigkeiten die betroffenen Unternehmen leichter ihre Interessen neu und unabhängig organisieren als Verbraucherverbände, die schon wegen der schwierigen Finanzierung der Verbandsarbeit in Gefahr sind, in ständige Abhängigkeit von Wirtschaftsunternehmen zu geraten.

c) Die Einleitung eines Verfahrens zum Aushandeln der AGB wird man den einzelnen Verbänden überlassen, wobei dieses Recht natürlich auch den Verbraucherverbänden zusteht. Es empfiehlt sich jedoch, eine zentrale Stelle einzurichten, die die Koordination übernimmt: Vorschläge für AGB werden an das Bundeswirtschaftsministerium eingereicht, welches dann alle registrierten Verbände von diesem Vorschlag unterrichtet. Nach einer angemessenen Frist, innerhalb welcher eine innerorganisatorische Meinungsbildung möglich ist, werden die Verbände, die ihr Interesse an den AGB bekundet haben zur Verhandlung über den Vorschlag durch das Ministerium eingeladen. Dieser Vorgang läßt sich vereinfachen, indem Vorschläge innerhalb eines Jahres gesammelt werden und dann jeweils zu einem festen Termin im Jahr eine ein- oder zweiwöchige Verhandlung über die verschiedenen Vorschläge anberaumt wird. Die formelle Leitung der Verhandlung wird man entweder dem Bundeswirtschaftsminister bzw. seinem Vertreter oder einem von den beteiligten Verbänden durch Wahl zu bestimmenden Vorsitzenden übertragen. Entsprechend den Ausführungen oben im 1. Abschnitt III, 3 sind diese Verhandlungen öffentlich zu führen.

Auf der Ebene der Vereinbarung empfiehlt es sich aus zweierlei Gründen nicht, Mehrheitsentscheidungen einzuführen. Einmal läßt sich nur dann die Problematik vermeiden, das Gewicht der beteiligten Verbände zu bestimmen[64]. Zum anderen besteht nur so die Notwen-

---

[64] Zu diesen Problemen im Wirtschaftsparlamentarismus in anderen Staaten

digkeit für alle Beteiligten zu verhandeln und einen Kompromiß zu finden, der die Interessen berücksichtigt, wie sie in den Verbänden artikuliert wurden. Aus dem gleichen Grund sollte auf eine Einigungsstelle verzichtet werden. Zusätzlich spricht gegen eine Einigungsstelle auch die Gefahr der einseitigen Entscheidung zugunsten einer Interessengruppe, die nur derjenige nicht sieht, der die neutrale, objektive, richtige Entscheidung eines solchen scheinbar über allen Interessenkonflikten stehenden Gremiums für möglich hält.

Der „Zwang" zum Kompromiß wird schließlich verstärkt, durch die Maßnahmen, die die Beachtung der Vereinbarungen sicherstellen sollen (s. 2.).

2. Man könnte versucht sein, das Problem der allgemeinen Beachtung der vereinbarten AGB über eine Normsetzungsbefugnis zu lösen, wie sie das TVG für die Arbeitsbedingungen vorsieht. Gegen eine solche Lösung spricht aber zum einen, daß ein verfassungsrechtlicher Rückhalt für solche Befugnisse der Verbände schwer herleitbar wäre, zum zweiten, daß die Verbindlichkeit nur für die Verbandsmitglieder gegeben wäre und zum dritten ein solcher Eingriff in die bestehenden Rechtssetzungsmechanismen mit der Bedeutung des Problems der AGB nicht in einem vertretbaren Verhältnis steht. Es sollen daher hier andere Möglichkeiten aufgezeigt werden, mit deren Hilfe erreicht werden kann, daß die Vereinbarungen der Verbände beachtet werden.

a) Ein erster Weg ist die Parallele zu den sogenannten Regelwerken, d. h. den außerrechtlichen Kodifikationen von Regeln der Technik, wie z. B. den Deutschen Industrienormen (DIN) des deutschen Normausschusses, den VDI-Richtlinien des Vereins Deutscher Ingenieure, sowie den VDE-Bestimmungen des Verbandes deutscher Elektrotechniker[65]. Solche Regeln können angewendet werden, aber sie müssen nicht deshalb angewandt werden, weil sie „Normen" sind, sondern erst wenn diese Anwendung vertraglich vereinbart oder gesetzlich angeordnet ist[66]. Dennoch erfreuen sie sich „meist einer großen, kaum Widerspruch zulassenden Autorität"[67]. Diese aber beruht nicht auf einem Rechtssatzcharakter — insbesondere hat die Form der schriftlichen Niederlegung keinen entscheidenden Einfluß[68] — sondern vielmehr auf Sachverstand, auf konkretem Beteiligtsein der Adressaten der Regeln der Technik an

---

vgl. H.Ballreich, Die Wirtschaftsräte in Frankreich, Belgien und den Niederlanden, Zfauld öff. R u. VR 14 (1951/52) S .789 ff.

[65] Beispiele für solche Regelwerke auf supranationaler Ebene bei Lukes, Regeln S. 22 ff.

[66] Herschel, Rechtsfragen S. 119.

[67] Herschel, Rechtsfragen S. 122.

[68] Herschel, Rechtsfragen S. 122 und BVerwG NJW 62, 506.

der Normsetzung — was wichtiger als der abstrakte Sachverstand ist[69] —, darauf, daß das „normschaffende Gremium repräsentativ für den ganzen für die Anerkennung in Betracht kommenden Kreis der Fachleute ist"[70], auf sachlicher und menschlicher Autorität des die Normen aufstellenden Gremiums[71].

Das wesentliche Moment der Autorität der technischen Regelwerke, nämlich umfassende Beteiligung der betroffenen Kreise wurde hier für die Aufstellung der AGB als durch die Verfassung geboten gefordert. Das Modell der Verbandsvereinbarung soll diese Beteiligung sichern. Dennoch kann nicht ohne weiteres erwartet werden, daß die Wirtschaft sich so wie an die Regelwerke auch an die vereinbarten AGB hält. Zwar ist denkbar, daß auch vom Markt her ein gewisser Zwang besteht, nur noch die neuen AGB zu verwenden: Die Kunden ziehen möglicherweise denjenigen als Vertragspartner vor, der die AGB verwendet, an deren Aufstellung sie selbst, vermittelt über ihre Verbände mitwirken konnten. Diese Wahl des Kunden setzt aber einmal voraus, daß die Wirtschaft nicht zu den nach dem GWB möglichen einseitig aufgestellten Konditionenkartellen (§ 2[I]) greift, bzw. wenn es zu solchen kommt, sie nach § 12 GWB nicht zugelassen werden, weil Verbandsvereinbarungen vorliegen[72]. Zum anderen aber müßte der Kunde in der Lage sein, die Gefahren der herkömmlichen AGB sofort zu erkennen, um den Vertragsabschluß bei Verwendung falscher AGB verweigern zu können. Beim Kauf eines Elektrogerätes erkennt der Kunde dessen Gefahren i. d. R. schnell, wenn es nicht den VDE-Richtlinien entspricht. Eine ähnliche Offenkundigkeit der Gefährlichkeit ist aber bei AGB nicht vorhanden.

Um die Autorität der vereinbarten AGB zu erhöhen, sollte daher ein Schritt getan werden, der aufgrund der hier dargestellten verfassungsrechtlichen Bedenken gegen die einseitige Aufstellung von AGB vorgezeichnet ist: Die AGB wie sie heute verwendet werden, sind durch den Gesetzgeber für unzulässig zu erklären. Dabei ist dieses Verbot auf die Formularverträge auszudehnen, da sie den gleichen Zweck erfüllen wie AGB, indem sie den Vertragstext so vorschreiben, daß ein Aushandeln nicht möglich ist[73]. In Anlehnung an einen Entwurf eines Gesetzes über

---

[69] So H. Krüger, NJW 66, 619 ff.

[70] Lukes, Regeln S. 36.

[71] Herschel, Rechtsfragen S. 122.

[72] Eine entsprechende Einschränkung müßte im GWB normiert werden.

[73] Für eine solche generelle Gleichstellung BGHLM § 138 (Bc) BGB Nr. 8; § 652 BGB Nr. 40; Däubler JuS 71, 400; Emmerich JuS 72, 362; Esser, Schuldrecht I §13, I 2; Lukes, Festschrift für Hueck S. 459; Fn. 2; W. Weber DB 1970, 2357, 2418; ablehnend gegenüber einer solchen Gleichstellung Schmidt-Salzer II. Für „ähnliche" Behandlung Bydlinski, Festschrift Kastner, S. 45 ff. P.

die Genehmigungspflicht von AGB wären als unzulässige AGB zu bezeichnen „alle schriftlichen Willenserklärungen, die jemand (d. h. ein
einzelner) in Abweichung oder zur Ergänzung der geltenden Gesetze
zur Regelung rechtlicher oder tatsächlicher Fragen für eine unbestimm-
te Zahl von Verträgen mit typischem Vertragsinhalt sowie mit unbe-
stimmtem Vertragspartner im vorhinein festlegt mit der Absicht, sie
diesen Verträgen zugrunde zu legen"[74] (§ 2).

Ohne daß die vereinbarten AGB Rechtssatzcharakter bekommen, erhalten sie durch das Verbot einseitiger AGB erhöhte Geltungskraft. Neben der Autorität durch Beteiligung der Betroffenen wird nunmehr der
Sachzwang zum Rückgriff auf die vereinbarten AGB wirksam, den seit
Jahrzehnten die Wirtschaft für die Notwendigkeit einseitiger AGB vor-
gab: Jener Zwang zur Rationalisierung des Massenverkehrs, zur Vereinheitlichung der Beziehungen; dieser kann jetzt jedoch wegen der
Beteiligung aller Betroffenen nicht mehr zur einseitigen Interessenwahrnehmung vorgeschoben und mißbraucht werden, wie dies bisher
geschah. Ein weiteres Moment zur Stärkung der Geltungskraft kann die
beratende Zuziehung von Sachverständigen bei den Vereinbarungen
sein.

Werden dann im Einzelvertrag die vereinbarten AGB durch Verweisung für verbindlich erklärt, so ist dies nicht mehr wie heute ein Akt
der Unterwerfung, eine Form der Fremdbestimmung, sondern eine ein-
verständliche Verbindlichkeitserklärung von bereits gemeinsam über
Verbände allgemein vereinbarten Vertragsinhalts.

Zusammen mit dem Verbot einseitiger AGB empfiehlt sich eine Fi-
xierung der Bereiche, für welche AGB vereinbart werden können. Der
heute übliche Gebrauch von AGB in nahezu allen Wirtschaftsbereichen
erscheint in Anbetracht der bestehenden gesetzlichen Regelungen und
bei Beachtung der großen Zahl der Verträge, bei welchen die AGB gar
nicht zum Zuge kommen, nicht unbedingt gerechtfertigt. Durch eine
Bestandsaufnahme hätte der Gesetzgeber zu klären, für welche Zweige
und Bereiche die Festlegung einheitlicher Grundsätze für die Vertragsbeziehungen nötig ist. Durch eine entsprechende gesetzliche Regelung würde der Prozeß der Vereinbarung so bereits vorprogrammiert
und von unnötigem Ballast befreit[74a]. Im wesentlichen wird darauf

---

Ulmer möchte zumindest „die Grundsätze über die Auslegung und die Inhaltskontrolle der AGB übernehmen", Vertragshändler S. 365.

[74] S. oben Fn. 21.

[74a] Einen weiteren rechtspolitischen Vorschlag, der in die gleiche Richtung
wirkt, macht jetzt *Schmidt-Salzer* III S. 45 f.: Er stellt eine Liste über den
„harten Kern" der AGB auf und schlägt vor, nach Feststellung der üblichen
Gestaltungen gesetzlich festzulegen, „ob bzw. mit welchen Einschränkungen
dies(e) weiter zulässig sein soll(en)".

abzustellen sein, ob massenhafte Beziehungen vorliegen, die eine Regelung erfordern, z. B. weil gesetzliche Normierungen fehlen bzw. unpassend sind. Dies wird vor allem für die Verträge mit den Versorgungs- und Verkehrsbetrieben, den Versicherungen sowie den Banken, überhaupt für den immer umfangreicher werdenden Dienstleistungsbereich zutreffen. Auch für Verträge über die technisch komplizierten Massenprodukte wird man vereinbarte AGB zulassen müssen.

b) Die Beachtung der vereinbarten AGB läßt sich durch eine weitere gesetzliche Maßnahme erreichen, die ebenfalls bei den technischen Regelwerken schon angewandt worden ist. Es ist dies der Weg der gesetzlichen Verweisung. So wie in mehreren Gesetzen auf die außerrechtlichen Regeln der Technik Bezug genommen wird, der Staat also die von gesellschaftlichen Kräften ausgehandelten Regeln in seinen Willen aufnimmt, scheint dies auch bei den AGB möglich. Wichtigstes Beispiel aus der neueren Gesetzgebung ist das sog. Maschinenschutzgesetz[75], dessen § 3^I bestimmt: „Der Hersteller oder Einführer von technischen Arbeitsmitteln darf diese nur in den Verkehr bringen oder ausstellen, wenn sie nach den *allgemein anerkannten Regeln der Technik*, sowie den Arbeitsschutz- und Unfallverhütungsvorschriften so beschaffen sind, daß Benutzer ... gegen Gefahren ... geschützt sind ..." Weitere Verweisungsnormen dieser Art sind § 330 StGB, § 35 h^I StVZO, § 1 der 2. DVO zum Energiewirtschaftsgesetz[76].

Entsprechend läßt sich in dem Gesetz, welches normieren soll, für welche Bereiche die Vereinbarung von AGB überhaupt zulässig ist, festlegen, daß den Verträgen in diesen Bereichen i. d. R. nur dann Gültigkeit zukommt, wenn ihnen die ausgehandelten AGB zugrunde liegen. Dabei ist aber bereits hier darauf hinzuweisen, daß eine solche generelle Verweisung Ausnahmen für Individualvereinbarungen zulassen muß, sofern sie tatsächlich von beiden Seiten selbstbestimmt abgeschlossen wurden. Diese Möglichkeit zur individuellen Selbstbestimmung ist ein Problem des Verhältnisses von AGB und Individualvertrag (unten 3).

Mit solchen Verweisungen bleiben die herkömmlichen Rechtssetzungsbefugnisse unangetastet. Der Gesetzgeber delegiert nicht die Rechtsetzung auf die Verbände, denn die vereinbarten AGB entfalten ebensowenig wie die technischen Regeln aus sich selbst heraus Rechtswirkungen. Ähnlich wie bei der Bezugnahme auf die Verkehrssitte[77],

[75] Gesetz über technische Arbeitsmittel vom 24. 6. 1968, BGBl I S. 717.

[76] Weitere Beispiele bei *Herschel*, Rechtsfragen S. 125.

[77] *Enneccerus - Nipperdey* S. 273.

greifen nicht die vereinbarten AGB in die Rechtsverhältnisse ein, sondern das sie für maßgebend erklärende Gesetz[78].

c) Ein weiteres wichtiges Moment für die Beachtung der vereinbarten AGB ist ihre Aktualität. „Versteinern" sie, d. h. werden Möglichkeiten zur Abänderung nicht institutionalisiert, können sie im Laufe der Zeit dem gleichen Schicksal erliegen, wie auf manchen Gebieten das BGB: Die vorgezeichneten Regelungen werden nicht in die Individualverträge aufgenommen. Um das zu vermeiden, könnte man einmal gesetzlich die Geltungsdauer vereinbarter AGB auf Fristen, die den Wirtschaftsbereichen angemessen sind, z. B. auf 3 - 7 Jahre, beschränken. Nach Ablauf dieser Fristen würden sie nur dann weiter gelten, wenn keiner der betroffenen Verbände eine Neuverhandlung verlangt, die wieder entsprechend den Ausführungen unter 1) durchzuführen wäre. Eine Information vor Ablauf der Fristen durch die das Verbandsregister führende Stelle wäre sinnvoll, setzte allerdings auch ein Register der vereinbarten AGB voraus.

Dem Gedanken der Selbstbestimmung würde es allerdings mehr entsprechen, wenn die Verbände bei ihren Vereinbarungen selbst die Geltungsdauer oder bestimmte Kündigungstermine festlegten.

3. Für das Verhältnis Individualvertrag und vereinbarte AGB stellt sich auch hier die Frage, wie die AGB in den einzelvertraglichen Beziehungen wirksam werden. Sie sind nach dem hier entwickelten Konzept keine Normen und daher nicht gleich zwingenden Gesetzen für die Verträge verbindlich. Dies gilt auch, wenn eine gesetzliche Verweisung auf die AGB vorgenommen wird. Notwendig ist daher auch weiterhin eine individuelle Vereinbarung ihrer Gültigkeit, wobei nun das Aushandeln legitimerweise entfallen kann, da es auf Verbandsebene bereits erfolgte. Genügen wird daher auch die Verweisung auf die AGB, wobei an den strengen Voraussetzungen der Klarheit und Eindeutigkeit dieser Verweisung festgehalten werden muß. Zusätzlich wird man demjenigen, der die AGB massenhaft verwendet, die Pflicht auferlegen müssen, die AGB zugänglich zu machen, sei es durch Abdruck auf der Rückseite des Vertrages, sei es durch Aushang oder ähnliches.

Wichtiger aber ist die Frage, ob die Vertragspartner den Inhalt der Verträge auch dann individuell bestimmen können, wenn für ihre Probleme ausgehandelte AGB vorliegen. Gegen eine uneingeschränkte Zulässigkeit solcher individuellen Ausgestaltung spricht, wie oben bereits angedeutet, daß die Wirtschaft entgegen ihrer Mitwirkung an der Vereinbarung möglicherweise die Erschwerung des Wirtschaftsverkehrs in Kauf nähme, und Einzelverträge unter Einsatz ihrer wirtschaftlichen

---

[78] Vgl. zum ganzen Problem *Herschel*, Rechtsfragen S. 124 ff.

Macht so aushandeln würde, daß ihre Interessen ebenso einseitig Berücksichtigung fänden, wie bei herkömmlichen AGB. Die Selbstbestimmung könnte letztlich nicht verwirklicht werden. Außerdem könnte diese Erschwerung des Wirtschaftsverkehrs umgangen werden, indem die Verträge nicht mehr gedruckt, sondern durch Schreibmaschinen technisch vervielfältigt würden. Praktisch wären dann Formularverträge trotz ihres Verbotes weiterhin möglich, eine sinnvolle Kontrolle des Verbotes wäre ausgeschlossen, wollte man nicht zu dem unsinnigen Ergebnis gelangen, allein den handgeschriebenen Einzelvertrag ohne AGB bzw. den mündlich abgeschlossenen Vertrag für zulässig zu erachten.

Andererseits wäre ein absolutes Verbot jeglicher von vorhandenen vereinbarten AGB abweichender Individualvereinbarung nachteilig, weil bestimmte Bedürfnisse auch eine besondere individuelle Vereinbarung erfordern können. Aus den gleichen Gründen läßt das Maschinenschutzgesetz Ausnahmen von der generellen Verweisung auf die Regeln der Technik zu, „wenn die technischen Arbeitsmittel nach den schriftlichen Angaben dessen, der sie verwenden will, als Sonderanfertigung hergestellt worden sind"[79]. Eine entsprechende Regelung für das Vertragsrecht ist notwendig, darf aber nicht dazu führen, daß die Selbstbestimmung eines Partners, die er über vereinbarte AGB verwirklichen könnte, durch den Einzelvertrag ausgeschlossen wird. Damit stellt sich wieder das Problem der wirtschaftlichen Macht, allerdings nicht mehr in so scharfer Form wie heute, da die Mehrzahl der Verträge wohl doch nach den vereinbarten AGB abgewickelt werden wird. Man könnte es zu lösen versuchen, indem man den Vertragsparteien im Falle des Prozesses die Einrede gewährte, daß der Vertragsschluß in dieser Form durch Ausübung unzulässiger wirtschaftlicher Macht herbeigeführt worden sei und dem Prozeßgegner die Beweislast für einen Vertragsschluß ohne Fremdbestimmung aufbürdete. Eine solche Regelung würde bereits an den unüberwindbaren Schwierigkeiten der rechtstechnischen Erfassung unzulässiger wirtschaftlicher Macht scheitern. Außerdem wäre bei Vertragsbeziehungen, die sich nicht nur in Handgeschäften erschöpfen, Mißbrauch zur Befreiung von unbequemen vertraglichen Bindungen jederzeit möglich.

Um einen Mißbrauch bei Individualverträgen auszuschließen, könnte man eine ähnliche Regelung einführen, wie sie § 11 Investmentgesetz für die sog. Haustürgeschäfte vorsieht[80]. Nach dieser Vorschrift kann

---

[79] § 3 II.

[80] Ausland-Investmentgesetz § 11 I, 1969 BGBl I S. 986. Eine ähnliche Regelung ist geplant für die normalen Haustürgeschäfte, und zwar als Ergänzung zum AbzG: BR-Drucksache VI 578, S. 5. Dazu vgl. *Klunzinger*, ZRP 70, 270.

der eine Vertragspartner sich innerhalb einer bestimmten Frist wieder vom Vertrag lösen[81]. Die Regelung ist allerdings in dieser Form nicht auf von vereinbarten AGB abweichende Individualverträge übertragbar. Einmal ist die Frist zu lang, so daß ein Mißbrauch des Gestaltungsrechts möglich ist. Zum anderen aber nützt ein Rücktrittsrecht mit Auflösung des Vertrags demjenigen nichts, der auf die Leistung angewiesen ist und sich schon deshalb allen Bedingungen des anderen Partners unterwerfen muß. Im Grunde stellt sich also das gleiche Problem, wie bei teilweiser Nichtigkeit von AGB, die nicht zur Rechtsfolge des § 139 BGB führen soll, um dem Betroffenen die Vertragsleistung zu erhalten. Die Rücktrittsmöglichkeit müßte daher in ein Umgestaltungsrecht abgeändert werden. Den Vertragspartnern wird dabei ein Gestaltungsrecht eingeräumt, aufgrund dessen jede Vertragspartei nach Abschluß eines Einzelvertrages, auch eines schriftlichen, der die vorhandenen vereinbarten AGB nicht beachtet, innerhalb einer kurz bemessenen Frist[82] statt der Abwicklung des Vertrages nach der Vereinbarung, die Möglichkeit hat, die Abwicklung nach den einschlägigen AGB zu verlangen. Auf diese Weise kann für die Regelfälle angenommen werden, daß die Individualverträge, die die vereinbarten AGB nicht beachten, selbstbestimmt abgeschlossen worden sind, wenn jenes Gestaltungsrecht nicht ausgeübt wurde.

Diese Regelung setzt voraus, daß das Gestaltungsrecht unabdingbar ist. Allerdings birgt es auch bei sehr kurz bemessener Frist für seine Ausübung die Gefahr des Mißbrauchs. Angenommen es werden von den AGB abweichende Vertragsbedingungen ausgehandelt und als Ausgleich dafür bei der Höhe des Preises der Leistung nach oben bzw. nach unten Zugeständnisse gemacht, so könnte ein Partner durch Ausübung seines Umgestaltungsrechts die ihm möglicherweise günstigeren Bedingungen zur Geltung bringen, während der von den für ihn ungünstigeren Vertragsbedingungen geprägte Preis bestehen bliebe. (Beispiel: A und B handeln beim Kauf eines Pkws eine einjährige Garantiefrist aus, während die vereinbarten AGB nur ein halbes Jahr vorsehen. B zahlt aber im Vergleich zu den Verträgen, die A sonst abschließt, einen 10 % höheren Kaufpreis. Übt nun A sein Gestaltungs-

---

[81] § 11, I des AuslandInvG. lautet: Ist der Käufer von ausländischen Investmentanteilen durch mündliche Verhandlungen außerhalb der ständigen Geschäftsräume desjenigen, der die Anteile verkauft oder den Verkauf vermittelt hat, dazu bestimmt worden, eine auf den Kauf gerichtete Willenserklärung abzugeben, so ist er an diese Erklärung nur gebunden, wenn er sie nicht der ausländischen Investmentgesellschaft oder deren Repräsentanten gegenüber binnen einer Frist von zwei Wochen schriftlich widerruft; dies gilt auch dann, wenn derjenige, der die Anteile verkauft oder den Verkauf vermittelt, keine ständigen Geschäftsräume hat.

[82] z. B. 48 Stunden.

recht aus, so gelten die kürzeren Garantiefristen der AGB, während B den höheren Preis zahlen muß, da darüber in den AGB nichts ausgesagt ist). Läßt man aber andererseits eine Koppelung von Preis und Ausübung des Gestaltungsrechts in der Form zu, daß die Vertragsparteien einen entsprechend angepaßten Preis vereinbaren für den Fall, daß eine Seite ihr Gestaltungsrecht ausübt, kann damit vom wirtschaftlich Stärkeren praktisch ein vollständiger Verzicht auf die Gestaltungsmöglichkeit erzwungen werden, wenn er eine entsprechende Preisänderung gegen den anderen Vertragspartner durchsetzt (Beispiel: wie oben, nur daß eine *kürzere* Frist vereinbart wird und der B einen 10 %ɪ niedrigeren Preis bezahlt. Setzt nun A durch, daß B bei Ausübung des Gestaltungsrechts 10 % über dem üblichen Preis bezahlen muß, wird B kaum mehr seine Rechte wahrnehmen, auch wenn er den Vertrag nicht selbstbestimmt abgeschlossen hat).

Im zweiten Fall ist eine Kontrolle des Mißbrauchs praktisch ausgeschlossen, die Verträge werden unverändert abgewickelt. Im ersten Fall dagegen wird sich sehr schnell zeigen, ob tatsächlich das Gestaltungsrecht mißbraucht wird, da nur dort seine Ausübung nicht verhindert werden kann. Daher scheint es sinnvoll die Koppelung von Preis- und Gestaltungsrecht ebenso zu untersagen, wie den Ausschluß des Gestaltungsrechts. Sofern dann tatsächlich ein Mißbrauch feststellbar ist, muß entweder der Gesetzgeber erneut eingreifen oder aber man vertraut auf die von der Rechtsprechung entwickelten Grundsätze zum Rechtsmißbrauch, die auch hier zur Anwendung gelangen können.

4. Das hier entwickelte Konzept läßt sich nicht von heute auf morgen mittels einer gesetzgeberischen Maßnahme verwirklichen. Es bedarf schon allein wegen der Vorbereitung der Verbände auf die neue Aufgabe einer längeren Anlaufzeit. Sinnvoll erscheint eine gesetzgeberische Maßnahme, die etwa drei bis vier Jahre nach der Verkündung in Kraft tritt. Während dieser Zeit empfiehlt es sich, das Aushandeln von AGB durch die Verbände im gesetzlich vorgezeichneten Rahmen bereits zuzulassen. Zum Zeitpunkt des Verbotes der herkömmlichen AGB kann dann auf vorhandene Regelwerke zurückgegriffen werden. Möglicherweise werden auch bereits vorher die alten AGB durch die ausgehandelten ersetzt, so daß schon dadurch die Überleitung erleichtert wird. Das Problem der zum Zeitpunkt des Inkrafttretens der neuen Regelung noch nicht abgewickelten Verträge läßt sich lösen, indem für diese die vollständige Abwicklung auf der Basis des alten Rechtszustandes zugelassen wird.

Fünfter Teil

Ergebnisse und Folgerungen

I. Ergebnisse

1. Vertragsfreiheit und Verfassung stehen in einem anderen Verhältnis zueinander als bisher weithin angenommen wurde. Die Vertragsfreiheit ist die privatrechtliche Ausformung eines Grundprinzips der Verfassung, nämlich der Selbstbestimmung im wirtschaftlichen Bereich, wie sie für den Tauschverkehr in Art. 2^I jedermann gewährleistet ist. Die Gleichsetzung von Selbstbestimmung und Vertragsfreiheit, also die Annahme eines Grundrechts Vertragsfreiheit ist abzulehnen, zwischen Verfassung und Privatrecht besteht insoweit ein Verhältnis von Grundsatz — das ist die Selbstbestimmung im wirtschaftlichen Bereich — und Ausformung dieses Grundsatzes — das ist die privatrechtliche Vertragsfreiheit.

2. Materielle Aussagen über die Bedeutung der Verfassung für die Vertragsfreiheit setzen daher voraus, daß Selbstbestimmung konkretisiert wird, damit ihre Ausformung als Vertragsfreiheit überprüft werden kann. Dies kann nicht abstrakt geschehen, vielmehr sind die Konturen an konkreten Beispielen des verschiedenen Umfangs der Selbstbestimmung in der Lebenswirklichkeit herauszuarbeiten.

3. Bei dem hier gewählten Bereich der Verträge mit AGB wurde ein unterschiedliches Maß von Vertragsfreiheit und damit von Selbstbestimmung bei dem Aufsteller der AGB und seinen jeweiligen Vertragspartnern festgestellt. Die Rechtfertigungsversuche der h. M., die die unterschiedlichen Möglichkeiten der Gestaltungsfreiheit durchaus erkennt, erweisen sich als nicht stichhaltig. Das Argument der Sachgesetzlichkeit legitimiert die Reduzierung der Selbstbestimmung auf Unterwerfung nicht. „Sachgesetzlichkeiten" sind Vorwand für einseitige Interessendurchsetzung.

Der Versuch, die mit den bestehenden Verhältnissen verbundene Fremdbestimmung dadurch abzuschwächen, daß man ihre Symptome beseitigt, indem eine inhaltliche Kontrolle der AGB als rechtlich möglich dargestellt und z. T. praktisch von der Rechtsprechung durchgeführt wird, kann nicht überzeugen. Damit wird die Grundfrage verdrängt, wie der Abbau von Herrschaft durch Vertragsfreiheit ermöglicht werden kann. Auch der großangelegte Versuch Manfred Wolfs, Selbstbestimmung beider Vertragspartner zu verwirklichen, bleibt letztlich nur eine verstärkte, weil an subjektiven Momenten ausgerichtete, Gerechtigkeitskontrolle.

4. Die Konturen werden deshalb mittels anderer für den Bereich der AGB naheliegender Gesichtspunkte, nämlich der „Wirtschaftsverfassung", dem Art. 14 und dem Sozialstaatsprinzip bestimmt. Es zeigt sich, daß die heute bestehende Verteilung der Selbstbestimmung verfassungsrechtlich nicht legitimiert ist. Aus der fehlenden Rechtfertigung weitgehender Selbstbestimmung bei denjenigen, welche die AGB aufstellen, ist auf eine größere durch die Verfassung gewährleistete Selbstbestimmung bei jenen zu schließen, die sich nach der Privatrechtsordnung allein in der Unterwerfung entfalten können und zwar weil im Bereich der Tauschbeziehungen die Freiheitszonen der Bürger aufeinandertreffen und in einem notwendigen Korrespondenzverhältnis stehen. Erweiterung der Freiheitsbereiche kann dann wegen der gegenseitigen Abhängigkeit der Freiheitsbereiche nur zu Lasten der Selbstbestimmung jener geschehen, die sich bisher aufgrund ihrer wirtschaftlichen Macht voll entfalten können.

5. Die Ausformung der Selbstbestimmung als Vertragsfreiheit erweist sich heute zumindest im Bereich der AGB als nicht mit dem Verfassungsprinzip der Selbstbestimmung im wirtschaftlichen Bereich vereinbar. Bei diesem Ergebnis kann jedoch nicht stehengeblieben werden, weil die grundrechtliche Gewährleistung nach Möglichkeiten der Verwirklichung der Freiheit verlangt. Die Rechtsordnung muß daher neue Formen zur Verfügung stellen. Als Modell wurde für den Bereich der AGB eine kollektive Form der Verwirklichung von Selbstbestimmung durch demokratisch organisierte Verbände vorgeschlagen, die gleichberechtigt und öffentlich AGB unter Mitwirkung des Staates aushandeln.

II. Folgerungen und Ausblick

Mit dieser Untersuchung wurde aus verfassungsrechtlicher Sicht ein Beitrag zum Abbau jener Herrschaftsverhältnisse angestrebt, die mit den Mitteln der Vertragsfreiheit begründet und erhalten werden. Nun ist zuzugeben, daß aufgrund der Auswahl des konkreten Anknüpfungspunktes AGB eine Beschränkung der praktischen Vorschläge auf einen Randbereich eintreten mußte, von dem aus selbständige Impulse für eine umfassendere Emanzipationsbewegung im wirtschaftlichen Bereich kaum zu erwarten sind. Bedeutsamer wäre insoweit, die bei vielen Vertragsabschlüssen dem einem Partner fehlende Möglichkeit, auf den Preis in irgendeiner Form Einfluß zu gewinnen. Sicherlich kann man sich auch nicht nur auf die Sphäre der Warenverteilung beschränken, wenn man Änderungen erreichen möchte. Notwendig ist vielmehr eine Einbeziehung der Arbeitsverträge und damit der Produktionssphäre in das Bemühen um Verwirklichung von Selbstbestimmung[1]. Anders als in der Distributionssphäre ist dabei nicht so sehr Selbstbestimmung beim Aushandeln von Leistung (Lohn) und Gegenleistung (zur Verfügung gestellte Arbeitskraft) das Problem; hier bietet das historisch gewachsene durch Art. 9^{III} abgesicherte Tarifvertragssystem Möglichkeiten der Verwirklichung von Selbstbestimmung. Fast wichtiger erscheint die Fortentwicklung der im Betriebsverfassungsrecht bestehenden und die Schaffung neuer Einflußmöglichkeiten auf die Gestaltung der Bedingungen, unter denen der Arbeitnehmer gezwungen ist, seine Arbeitskraft zu verwerten.

Obwohl also die Erörterung der Selbstbestimmung bei AGB nur ein mehr am Rande liegendes Problem zu betreffen scheint, ist die hier getroffene Beschränkung doch gerechtfertigt: Wie die verfassungsrechtliche Untersuchung insbesondere bei der Frage der „Wirtschaftsverfassung" und des Eigentums gezeigt hat, stößt man bei dem Bemühen um umfassendere Verwirklichung wirtschaftlicher Entfaltungsfreiheit bald an die Grenzen der bestehenden Wirtschaftsordnung. Die Beschränkung auf den Bereich der AGB hat nun den Vorteil, daß diese Grenzen bei den rechtstheoretischen Überlegungen nicht in dem Maße mitreflektiert werden müssen, wie dies z. B. bei der vertraglichen Vereinbarung des Preises notwendig ist. Ohne Zweifel ist dies ein Grund dafür, daß das Problem der AGB in der Rechtswissenschaft sehr umfassend diskutiert wird, während das Problem des Preises kaum Beachtung findet. Dennoch muß damit im Gegensatz zur Auffassung *Däublers* nicht unbedingt der Verlust einer „kritischen Dimension" verbunden sein[2], vielmehr kann man, wie es hier versucht wurde, zweierlei gewinnen: Einmal sind auch anhand des Beispiels AGB allgemeine Aussagen über die Beziehungen zwischen in der Verfassung gesicherter wirtschaftlicher Entfaltungsfreiheit und privatrechtlicher Vertragsfreiheit zu erzielen, wie die Ergebnisse (I) zeigen. Zum anderen aber ergeben sich allgemeine Grundsätze für die Konkretisierung wirtschaftlicher Entfaltungsfreiheit im Tauschverkehr. Mit Hilfe dieser beispielhaft erarbeiteten Grundsätze kann auch für die anderen, möglicherweise bedeutsameren Bereiche der Umfang wirtschaftlicher Selbstbestimmung so konkretisiert werden, daß deutlich wird, wie die heute gege-

---

[1] Hierzu *Däubler*, Grundrecht auf Mitbestimmung, der gerade für diesen Bereich von einer umfassend verstandenen, auf Art. 1 und 9, III gestützten Selbstbestimmungsordnung her nach neuen Lösung sucht.

[2] *Däubler*, Formale oder materiale Selbstbestimmung? S. 123.

benen Formen wirtschaftlicher Selbstbestimmung der Verfassung angepaßt werden müssen. Diese, in der Zusammenfassung notwendig ver-
kürzten Regeln sind:

a) Da Wissenschaft und Rechtspraxis i. d. R. die unterschiedlichen
Möglichkeiten der wirtschaftlichen Selbstbestimmung in der Ausformung der Vertragsfreiheit erkennen und deshalb versuchen, sie zu
rechtfertigen und ihre Auswirkungen zu mildern, sind zunächst die
Rechtfertigungsgründe kritisch zu prüfen. Dabei ist darauf zu achten,
daß eine bestehende Praxis allein nicht zur Legitimation ausreicht. Ferner ist das Argument der Sachgesetzlichkeit daraufhin zu untersuchen,
ob es nicht nur einseitige Interessenwahrnehmung verdeckt bzw. mit
seiner Hilfe eine notwendige Änderung bestehender Zustände auf demokratischem Wege — z. B. durch den Gesetzgeber — verhindert wird.
Schließlich vermag eine nachträgliche Gerechtigkeitskontrolle nicht das
ursprüngliche Ziel, nämlich herrschaftsfreie Tauschbeziehungen, zu
verdrängen.

b) Nach dieser, hier als Vorverständnisdarstellung und -kritik durchgeführten Bestandsaufnahme hat die eigentliche verfassungsrechtliche
Untersuchung stattzufinden. Sie muß mit der Prüfung der Verfassungsmäßigkeit der Argumente für die bestehende Verteilung der
Selbstbestimmung beginnen, die sich nicht schon bei a) als unzureichend
erwiesen haben. (Solche Argumente waren für den Problembereich der
AGB nicht vorhanden). Sodann sind verfassungsrechtliche und mit der
Verfassung zu vereinbarende außerverfassungsrechtliche Argumente
zu suchen, die die Selbstbestimmung, wie sie in Form der Vertragsfreiheit vorgefunden wurde, rechtfertigen könnten. Solche möglichen Gesichtspunkte waren hier die „Wirtschaftsverfassung", Art. 14 und das
Sozialstaatsprinzip, die jedoch für den Bereich der AGB nicht überzeugen konnten. Auf diese Weise wird Selbstbestimmung im wirtschaftlichen Bereich, wie sie in Art. 2^I gewährleistet ist, so weit konkretisiert, daß Aussagen über die Verfassungsmäßigkeit der jeweiligen Ausformung der Selbstbestimmung als Vertragsfreiheit in dem jeweils
untersuchten Bereich gemacht werden können.

c) Auf einer dritten Stufe kann man sich schließlich, sofern man eine
nicht verfassungsgemäße Ausformung der Selbstbestimmung feststellt,
nicht mit dem Hinweis auf die Rechtsprechung begnügen. Selbst wenn
die Rechtsprechung Vertragsbeziehungen daraufhin überprüfen würde,
ob im Einzelfall Vertragsfreiheit in Anspruch genommen wurde, die
mit der Verfassung unvereinbar ist, ist sie nicht das Organ, welches den
Anspruch auf „Abbau von Herrschaft", also auf umfassende Verwirklichung von wirtschaftlicher Entfaltungsfreiheit, erfüllen kann. Diese
Aufgabe vermag nur der Gesetzgeber zu lösen, indem er die Rechtsord-

nung so ausgestaltet, daß sich Selbstbestimmung auch im Tauschverkehr verfassungsgemäß verwirklichen kann. Hierfür sind Modelle zu entwickeln, die allerdings nicht von vornherein auf wirtschaftliche Selbstbestimmung in Form der Vertragsfreiheit festgelegt sind[3]. Ein möglicherweise auch für andere Bereiche beispielhafter Ansatz war hier der Versuch, Entfaltungsfreiheit über kollektive Formen der Selbstbestimmung zu verwirklichen, wobei Selbstbestimmung durch demokratische Organisation der Gruppen und durch umfassende Öffentlichkeit der Beziehungen der Gruppen zueinander gesichert werden müßte.

Die Schwierigkeiten bei der Suche nach solchen Lösungen sind bei der Darstellung neuer Modelle für den Bereich der AGB deutlich geworden. Ein Ausweichen vor diesen Problemen und ein Beharren auf hergebrachten Formen der Freiheitsentfaltung im Tauschverkehr nur weil historische Vorbilder nicht verfügbar sind, ist jedoch nicht möglich, wenn man die im Grundgesetz mit Art. 2^I gestellte Aufgabe wirtschaftlicher Selbstbestimmung und damit herrschaftsfreier Tauschbeziehungen lösen will.

---

[3] In diesem Sinne jetzt auch *Däubler*, Grundrecht auf Mitbestimmung: „Für den Juristen stellt sich ... die Aufgabe, nach anderen Verfahrensformen zu suchen, die es dem einzelnen ermöglichen, seine Objektstellung abzubauen und eigene Bedürfnisse durchzusetzen", S. 175.

Literaturverzeichnis

Abendroth, Wolfgang: Begriff und Wesen des sozialen Rechtsstaates, VVD-StRL 12(1954), S. 85 ff. (Diskussionsbeitrag).

— Zum Begriff des demokratischen und sozialen Rechtsstaates im Grundgesetz der Bundesrepublik Deutschland, in: Festschrift für Bergsträsser, Düsseldorf 1954, S. 279 ff.

— und *Sultan*, Herbert: Bürokratischer Verwaltungsstaat und soziale Demokratie, Hannover, Frankfurt/M. 1955; zitiert: Abendroth/Sultan.

— Das Grundgesetz. Eine Einführung in seine politischen Probleme, Pfullingen 1966.

ASJ-Hessen Süd, Arbeitskreis Sozialdemokratischer Juristen Hessen Süd, Rechtspolitisches Programm zum Schutz vor AGB, ZRP 1970, 190.

ASJ-Südbayern, Arbeitskreis Sozialdemokratischer Juristen Südbayern, Gesetzentwurf über die Genehmigungspflicht von AGB, ZRP 1972, 148 f.

Badura, Peter: Die Rechtsprechung des BVerfGs zu den verfassungsrechtlichen Grenzen wirtschaftspolitischer Gesetzgebung im sozialen Rechtsstaat, AöR 92, 382 ff.

— Auftrag und Grenzen der Verwaltung im sozialen Rechtsstaat, DÖV 1968, 446 ff.

Bärmann, Johannes: Typisierte Zivilrechtsordnung der Daseinsvorsorge, Karlsruhe 1948.

Ballerstedt, Kurt: Staatsverfassung und Wirtschaftsfreiheit, DÖV 1951, 159 ff.

— Wirtschaftsverfassungsrecht, in: Die Grundrechte, Bd. III/1, Berlin 1958, S. 1 ff.

Ballreich, Hans: Die Wirtschaftsräte in Frankreich, Belgien und den Niederlanden, Zeitschrift für ausländisches öffentliches Recht und Völkerrecht 14 (1951/1952), S. 789 ff.

Bäumlin, Richard: Staat, Recht und Geschichte, Zürich 1961

Benda, Ernst: Die aktuellen Ziele der Wirtschaftspolitik und die tragenden Grundsätze der Wirtschaftsverfassung, NJW 1967, 849 ff.

Bettermann, Karl August: Die „Kleine Mietpreisreform" und ihre Rechtsgültigkeit, JZ 1952, 65 ff.

v. Beyme, Klaus: Interessengruppen in der Demokratie, München 1969.

Biedenkopf, Kurt H.: Vertragliche Wettbewerbsbeschränkungen und Wirtschaftsverfassung, Heidelberg 1958.

— Über das Verhältnis wirtschaftlicher Macht zum Privatrecht, in: Festschrift für Franz Böhm zum 70. Geburtstag, Karlsruhe 1965, S. 113 ff.

— Sinn und Grenzen der Vereinbarungsbefugnis der Tarifvertragsparteien, Verhandlungen des 46. DJT, Essen 1966, Bd. 1 (Gutachten), S.97ff.

Biervert, Bernd: Wirtschaftspolitische, sozialpolitische und sozialpädagogische Aspekte einer Verbraucheraufklärung, zwei Bd., Köln 1972; zitiert: Biervert.

Bloch, Ernst: Naturrecht und menschliche Würde, Frankfurt/M. 1961; zitiert: Bloch, Naturrecht, nach der Ausgabe Frankfurt/M. 1972.

Böckenförde, Ernst-Wolfgang: Die Bedeutung der Unterscheidung von Staat und Gesellschaft im demokratischen Sozialstaat der Gegenwart, Festgabe für W. Hefermehl, Stuttgart-Berlin-Köln-Mainz 1972, S. 1 ff.

Bonner Kommentar, Kommentar zum Bonner Grundgesetz, Hamburg 1950 ff.; zitiert BD.

Brandner, Hans Erich: Die Umstände des einzelnen Falles bei der Auslegung und Beurteilung von allgemeinen Geschäftsbedingungen, AcP 162, 237 ff.

— Allgemeine Geschäftsbedingungen, in „Gerechtigkeit" (s. dort) S. 47 ff.

Brox, Hans: Die Einschränkung der Irrtumsanfechtung, Karlsruhe 1960.

— Rechtsfragen der rechtsgeschäftlichen Privatautonomie, JZ 1966, 761 f.

v. Brunn, Johann Heinrich: Die formularmäßigen Vertragsbedingungen der deutschen Wirtschaft, 2. Aufl. Köln, Berlin 1956.

— Besprechung von Rehbinder, Manfred: Das Kaufrecht in den Allgemeinen Geschäftsbedingungen der deutschen Wirtschaft, AcP 171, 373 ff.

Bulla, Gustav-Adolf: Soziale Selbstverantwortung der Sozialpartner als Rechtsprinzip, in Festschrift für H. C. Nipperdey zum 70. Geburtstag, Bd. II, München, Berlin 1965, S. 79 ff.

Bydlinski, Franz: Privatautonomie und objektive Grundlagen des verpflichtenden Rechtsgeschäfts, Wien, New York 1967.

— Zur Einordnung der allgemeinen Geschäftsbedingungen im Vertragsrecht, in: Festschrift für Walther Kastner, Wien 1972, S. 45 ff.

Coing, Helmut: Staudinger Kommentar zum BGB, 11. Aufl. Berlin 1957, Bd. 1 §§ 1 - 240.

— Bemerkungen zum überkommenen Zivilrechtssystem, in Festschrift für Dölle, Bd. I, Tübingen 1963, S. 25.

— Grundzüge der Rechtsphilosophie, 2. Aufl. Berlin 1969.

Däubler, Wolfgang: Die geknebelten Wirtsleute: Zur Totalnichtigkeit von Formularverträgen — BGH NJW 1969, 230, JuS 1971, 398 ff.

— Konsumenten-Ombudsmann und Verbraucherselbsthilfe, in „Gerechtigkeit" (s. dort), S. 57 ff.

— Das Grundrecht auf Mitbestimmung und seine Realisierung durch tarifvertragliche Begründung von Beteiligungsrechten, Frankfurt/M. 1973; zitiert: Däubler, Grundrecht auf Mitbestimmung.

— Formale oder materiale Selbstbestimmung?, in: Emanzipation (Hrsg. M. Greiffenhagen), S. 114 ff., Hamburg 1973.

Diederichsen, Uwe: Die Aufstellung allgemeiner Geschäftsbedingungen und ihre Aufrechterhaltung bei Nichtigkeit einzelner Klauseln, ZHR 132, 232 ff.

Dilcher, Hermann: Typenfreiheit und inhaltliche Gestaltungsfreiheit bei Verträgen, NJW 1960, 1040 ff.

Dürig, Günter: Grundrechte und Zivilrechtsprechung, in: Festschrift für Nawiasky, München 1956, S. 157 ff.

Ehmke, Horst: Wirtschaft und Verfassung, Karlsruhe 1961; zitiert: Ehmke, Wirtschaft.
— Prinzipien der Verfassungsinterpretation, VVDStRL 20, 53 ff.
— Staat und Gesellschaft, in: Festgabe für Rudolf Smend zum 80. Geburtstag 1962, S. 23 ff.

Eilles: Gedanken zur Auslegung und Anwendung subjektiven Privatrechts, ZZP 62 (1941), 1 ff.

Emmerich, Volker: Die Problematik der Allgemeinen Geschäftsbedingungen, JuS 1972, 361 ff.

Enneccerus, Ludwig und Hans Carl *Nipperdey:* Allgemeiner Teil des bürgerlichen Rechts, 15. Aufl. Tübingen 1959; zitiert: Enneccerus - Nipperdey.

Esser, Josef: Vorverständnis und Methodenwahl in der Rechtsfindung, 2. Aufl. 1972 Frankfurt/M.; zitiert: Esser, Vorverständnis.
— Schuldrecht, Bd. I und II, 4. Aufl. Karlsruhe 1970 und 1971; zitiert: Esser I und II.

Eucken, Walter: Staatliche Strukturwandlungen und die Krisis des Kapitalismus, Weltwirtschaftliches Archiv, 36. Bd. (1932), 197 ff.
— Die Wettbewerbsordnung und ihre Verwirklichung, Ordo II, 1 ff.
— Grundsätze der Wirtschaftspolitik, 2. unveränderte Aufl. Tübingen - Zürich 1955.

Fikentscher, Wolfgang: Schuldrecht, 3. Aufl. Berlin, New York 1971; zitiert: Fikentscher LB.
— Vertrag und wirtschaftliche Macht, in Festschrift für Hefermehl, 1971, S. 41 ff.

Fischer, Max: Der Begriff der Vertragsfreiheit, Diss. Zürich 1952.

Fischer, Robert: Die allgemeinen Geschäfts- und Lieferungsbedingungen, BB 1957, 481 ff.

Flume, Werner: Allgemeiner Teil des Bürgerlichen Rechts, 2. Bd.: Das Rechtsgeschäft, Berlin, Heidelberg, New York 1965; zitiert: Flume LB.

Forsthoff, Ernst: Die Verwaltung als Leistungsträger, Stuttgart, Berlin 1938.
— Begriff und Wesen des sozialen Rechtsstaates, VVDStRL 12, 8 ff.

Friauf, Karl Heinrich: Öffentlicher Haushalt und Wirtschaft, VVDStRL 27, 1 ff.

Gadamer, Hans-Georg: Wahrheit und Methode, 2. Aufl. Tübingen 1965; zitiert: Gadamer, Wahrheit.

Gerechtigkeit in der Industriegesellschaft, Rechtspolitischer Kongreß der SPD vom 5., 6. und 7. Mai in Braunschweig, Herausgeber Konrad Duden u. a., Karlsruhe 1972; zitiert: „Gerechtigkeit".

Göldner, Detlef Christoph: Verfassungsprinzipien und Privatrechtsnorm in der verfassungskonformen Auslegung und Rechtsfortbildung, Berlin 1969.

Großman-Doerth, Hans: Selbstgeschaffenes Recht der Wirtschaft, Freiburg 1933.

Grunsky, Wolfgang: Neue Literatur und Rechtsprechung zum Recht der Allgemeinen Geschäftsbedingungen, JurA 1969, 87 ff.

— Erwiderung auf Löwe (s. dort), BB 1972, 189 ff.

— Allgemeine Geschäftsbedingungen und Wettbewerbswirtschaft, BB 1971, 1113 ff.

Gudian, Ingo: Genehmigungspflicht von Allgemeinen Geschäftsbedingungen, ZRP 1972, 147 f.

Habermas, Jürgen: Zur Logik der Sozialwissenschaften (Beiheft 5 der Philosophischen Rundschau, Tübingen 1967); zitiert: Habermas, Zur Logik, nach ed. Suhrkamp, Frankfurt/M. 1970.

— Strukturwandel der Öffentlichkeit, 5. Aufl. Neuwied, Berlin 1971; zitiert: Habermas, Strukturwandel.

— und *Luhmann,* Niklas: Theorie der Gesellschaft oder Sozialtechnologie — Was leistet die Systemforschung? Frankfurt/M. 1971; zitiert: Habermas/ Luhmann.

Hamann, Andreas: Deutsches Wirtschaftsverfassungsrecht, Neuwied, Berlin, Darmstadt 1958.

Hamann, Andreas jr. und Helmut *Lenz:* Das Grundgesetz für die Bundesrepublik Deutschland vom 23. Mai 1949, Kommentar, 3. Aufl. Neuwied, Berlin 1970; zitiert: Hamann - Lenz.

Hanau, Peter: Objektive Elemente im Tatbestand der Willenserklärung, AcP 165, 220 ff.

Hart, Dieter: Allgemeine Geschäftsbedingungen und Justizsystem, KJ 1971, 269 ff.

Hegel, G. W. F.: Werke, ed. Suhrkamp 1970.

Heintzeler, Wolfgang: Das Betriebsverfassungsgesetz als optimale Synthese von Marktwirtschaft, Eigentumsordnung und Mitbestimmung, in Mitbestimmung? (Hrsg. Goetz Briefs), Stuttgart 1967, S. 98 ff.

Heller, Hermann: Staatslehre. Herausgegeben von Gerhart Niemeyer, 4. unveränderte Aufl. Leiden 1970.

Helm, Johann Georg: Private Norm und staatliches Recht beim Massenvertrag, JuS 1965, 121 ff.

— Grundlagen einer normativen Theorie allgemeiner Geschäftsbedingungen, in: Festschrift für Ludwig Schnorr von Carolsfeld 1972, S. 125 ff.

Hennis, Wilhelm: Verfassungsordnung und Verbandseinfluß-Bemerkungen zu ihrem Zusammenhang im politischen System der BRD, PVS 2 (1961), 23 ff.

Herschel, Wilhelm: Anmerkung in DR 1941, 54 und 1727.

— Anmerkung in DR 1942, 753 ff.

— Rechtsfragen der Technischen Überwachung, Heidelberg 1972; zitiert: Herschel, Rechtsfragen.

Hesse, Ernst: Die Bindung des Gesetzgebers an das Grundrecht des Art. 2 I GG bei der Verwirklichung einer „verfassungsmäßigen Ordnung", Berlin 1968.

Hesse, Konrad: Grundzüge des Verfassungsrechts der Bundesrepublik Deutschland, 6. Aufl. Karlsruhe 1973, zitiert: Hesse, Grundzüge.

Hildebrand, Wolfgang: Zulässigkeit und Wirkung allgemeiner Geschäftsbedingungen, JR 1955, 325.

Hilger, Marie-Luise: Der Einfluß des kollektiven Arbeitsrechts auf das Einzelarbeitsverhältnis, Verhandlungen des 43. DJT, Bd. 2, Teil I, Tübingen 1962.

v. Hippel, Eike: Die Kontrolle der Vertragsfreiheit nach anglo-amerikanischem Recht, Frankfurt 1963.

— Präventive Verwaltungskontrolle Allgemeiner Geschäftsbedingungen, ZRP 1972, 110.

v. Hippel, Fritz: Das Problem der rechtsgeschäftlichen Privatautonomie, Tübingen 1936; zitiert: F. v. Hippel.

Hollerbach, Alexander: Ideologie und Verfassung, in: Ideologie und Recht (Hrsg. Werner Maihofer), Frankfurt/M. 1969, S. 37 ff; zitiert: Hollerbach, Ideologie.

Huber, Ernst Rudolf: Der Streit um das Wirtschaftsverfassungsrecht (II), DÖV 1956, 135 ff.

— Wirtschaftsverwaltungsrecht, Bd. I und II, 2. Aufl. Tübingen, 1953 - 1954.

Huber, Hans: Die verfassungsrechtliche Bedeutung der Vertragsfreiheit, Berlin 1966; zitiert: Huber, Hans, Bedeutung.

Hubmann, Heinrich: Grundsätze der Interessenabwägung, AcP 155, 85 ff.

Hueck, Alfred und Hans Carl *Nipperdey:* Lehrbuch des Arbeitsrechts, Erster Band von Alfred Hueck, 7. Aufl. Berlin, Frankfurt/M. 1963; zitiert: Hueck-Nipperdey I.

Huffschmid, Jörg: Die Politik des Kapitals, Frankfurt/M. 1969; zitiert: Huffschmid, Politik.

Huhn, Diether: Allgemeine Geschäftsbedingungen, in: Grundlagen des Vertrags- und Schuldrechts, Frankfurt/M. 1972, S. 185 ff.

Hurst, Werner: Inwieweit kann Gesetzesrecht durch AGB abbedungen werden? Zugleich ein Beitrag zur Lehre von den Schranken der Vertragsfreiheit, Diss. 1958.

Ipsen, Hans Peter: Über das Grundgesetz, 2. Aufl. Hamburg 1964, zitiert: Ipsen, Grundgesetz.

Isele, Hellmut Georg: Grundprobleme der AGB, JuS 1961, 308 ff.

Kägi, Werner: Die Verfassung als rechtliche Grundordnung des Staates, Zürich 1945.

Kammler, Jörg: Das Sozialstaatliche Modell öffentlicher Herrschaft, in: Abendroth/Lenk, Einführung in die politische Wissenschaft, 2. Aufl. München 1971, S. 86 ff.

Kant, Immanuel: Werke, ed. Wilhelm Weischedel, Wissenschaftliche Buchgesellschaft, Darmstadt 1964.

Klein, Friedrich: s. Mangoldt, Hermann v.

Klein, Hans H.: Die Teilnahme des Staates am wirtschaftlichen Wettbewerb, Stuttgart - Berlin - Köln - Mainz 1968.

Kliege, Helmut: Rechtsprobleme der AGB in wirtschaftswissenschaftlicher Analyse unter besonderer Berücksichtigung der Freizeichnungsklauseln, Göttingen 1966.

Knieper, Rolf: „Technokratische Rationalität in Allgemeinen Geschäftsbedingungen?" ZRP 1971, 60 ff.

Knoll, Ernst: Eingriffe in das Eigentum im Zuge der Umgestaltung gesellschaftlicher Verhältnisse, AöR 79, 455 ff.

Koch, Harald: Schutz vor unbilligen Geschäftsbedingungen, ZRP 1973, 89 ff.

Krause, Hermann: AGB und das Prinzip des sozialen Rechtsstaates, BB 1955, 265 ff.

Kriele, Martin: Theorie der Rechtsgewinnung, entwickelt am Problem der Verfassungsinterpretation, Berlin 1967; zitiert: Kriele, Theorie.

Krüger, Herbert: Rechtsetzung und technische Entwicklung, NJW 1966, 617 ff.
— Der Regierungsentwurf eines Betriebsverfassungsgesetzes vom 29. 1. 1971 und das Grundgesetz, Hamburg 1971; zitiert: Krüger, BetrVG.

Lange, Heinrich: Soergel BGB-Kommentar, 10. Aufl. Stuttgart 1967, §§ 145 - 156.

Lange, Hermann: Aufgaben und Grenzen der Vertragsfreiheit im deutschen Zivilrecht, Jur. Bl. Wien 1956, 386 ff.

Larenz, Karl: Methodenlehre der Rechtswissenschaft, 2. Aufl. Berlin 1969.
— Lehrbuch des Schuldrechts I, Allgemeiner Teil, 10. Aufl. München 1970.

Laufke, Franz: Vertragsfreiheit und Grundgesetz, in: Festschrift für H. Lehmann, Bd. I, Tübingen 1956, S. 145 ff.; zitiert: Laufke, Festschrift Lehmann.

Leisner, Walter: Grundrechte und Privatrecht, München, Berlin 1960; zitiert: Leisner, Grundrechte.
— Von der Verfassungsmäßigkeit der Gesetze zur Gesetzmäßigkeit der Verfassung, Tübingen 1964; zitiert: Leisner, Verfassungsmäßigkeit.

Lindacher, Walter: Richterliche Inhaltskontrolle allgemeiner Geschäftsbedingungen und Schutzbedürftigkeit der Kunden, BB 72, 296 ff.

Löwe, Walter: Verstärkter Schutz des Kunden vor unbilligen AGB durch Wettbewerb? BB 1972, 185 ff.

Lukes, Rudolf: Gedanken zur Begrenzung des Inhalts allgemeiner Geschäftsbedingungen, in: Festschrift für A. Hueck, Berlin, München 1959, 459 ff.
— Grundprobleme der Allgemeinen Geschäftsbedingungen, JuS 1961, 301 ff.
— Die Bedeutung der sog. Regeln der Technik für die Schadensersatzpflicht von Versorgungsunternehmen, in: Regeln der Technik und Schadensersatz, Düsseldorf 1969, S. 22 ff.; zitiert: Lukes, Regeln.

Majewski, Otto: Auslegung der Grundrechte durch einfaches Gesetzesrecht? Berlin 1971.

v. Mangoldt, Hermann und Friedrich *Klein*: Das Bonner Grundgesetz, 2. Aufl. Berlin, Frankfurt/M. 1957 ff.; zitiert: v. Mangoldt - Klein.

Maunz, Theodor, Günter *Dürig* und Roman *Herzog:* Grundgesetz, Kommentar, 2. Aufl. München, Berlin 1963 ff.; zitiert: Maunz - Dürig - Herzog.

Meeske, H.: Die Unterwerfung unter AGB, BB 1959, 857 ff.

Merz, Hans: Privatautonomie heute — Grundsatz und Rechtswirklichkeit, Karlsruhe 1970.

Mill, John St.: On Liberty, Deutscher Nachdruck der Wissenschaftlichen Buchgesellschaft, Darmstadt 1967.

Möller, Alex: Gesetz zur Förderung der Stabilität und des Wachstums der Wirtschaft und Art. 109 GG. Kommentar, 2. Aufl. Hannover 1969.

Molitor, Erich: Grund und Grenzen des Weisungsrechts, RdA 1959, 2 ff.

Mückenberger, Ulrich: Legitimation durch Realitätsverleugnung. Am Beispiel der Privatautonomie, KJ 1971, 248 ff.

Müller, Friedrich: Normstruktur und Normativität. Zum Verhältnis von Recht und Wirklichkeit in der juristischen Hermeneutik, entwickelt an Fragen der Verfassungsinterpretation, Berlin 1966; zitiert: Müller, Normstruktur.

Naendrup, Peter-Hubert: Die Teilnichtigkeit im Recht der AGB, Bielefeld 1966; zitiert: Naendrup, Teilnichtigkeit.

Naschold, Frieder: Organisation und Demokratie, Stuttgart 1969; zitiert: Naschold, Organisation.

Nastelski, Karl: Zulässigkeit und Wirkung allgemeiner Geschäftsbedingungen, DRiZ 1955, 212 ff.

Neumann, Franz: Der Funktionswandel des Gesetzes im Recht der bürgerlichen Gesellschaft, 1937; zitiert: Neumann, Funktionswandel, nach ed. EVA, Frankfurt/M. 1967.

Nikisch, Arthur: Arbeitsrecht, Bd. I, 3. Aufl. Tübingen 1961.

Nipperdey, Hans Carl: Die soziale Marktwirtschaft in der Verfassung der Bundesrepublik, Karlsruhe 1954; zitiert: Nipperdey, Soziale Marktwirtschaft.

— und *Wiese*, Günter: Freie Entfaltung der Persönlichkeit, in: Die Grundrechte, Bd. IV/2, S. 741 ff., 2. unveränderte Auflage Berlin 1972.

— Soziale Marktwirtschaft und Grundgesetz, 2. Aufl. Köln, Berlin, München, Bonn 1961.

— Grundrechte und Privatrecht, Köln 1961.

— s. auch Enneccerus, Ludwig.

Oftinger, Karl: Die Vertragsfreiheit, in: Die Freiheit des Bürgers im Schweizerischen Recht, Zürich 1948, S. 315 ff.

Ott, Sieghart: Zur Gültigkeit von Gerichtsstandsklauseln in AGB, NJW 1972, 420 f.

Raisch, Peter: Das Gesetz gegen Wettbewerbsbeschränkungen als Instrument zur Bindung großer wirtschaftlicher Macht, BB 1971, 229 ff.

Raiser, Ludwig: Das Recht der Allgemeinen Geschäftsbedingungen, Bad Homburg v. d. H. (Neudruck 1961); zitiert: Raiser, AGB.

Raiser, Ludwig: Rechtsfragen der Mitbestimmung, Köln, Opladen 1954; zitiert: Raiser, Mitbestimmung.

— Vertragsfreiheit heute, JZ 1958, 1 ff.

— Vertragsfunktion und Vertragsfreiheit, in: Festschrift zum hundertjährigen Bestehen des Deutschen Juristentages, Bd. I, Karlsruhe 1960, S. 101 ff., zitiert: Raiser, Festschrift DJT.

— Rechtsschutz und Institutionenschutz im Privatrecht, in: Summum ius Summa iniuria Tübingen, 1963, S. 145 ff.; zitiert: Raiser, Rechtsschutz.

— Die Kontrolle der Allgemeinen Geschäftsbedingungen durch die Gerichte, Karlsruher Forum 1965, Karlsruhe 1965, S. 3 ff.; zitiert: Raiser, Karlsruher Forum.

— Grundgesetz und Privatrechtsordnung, in: Verhandlungen des 46. DJT, Essen 1966, Bd. II, Teil B, München 1967; zitiert: Raiser, 46. DJT.

— Generalreferat, in: Richterliche Kontrolle von AGB; Arbeiten zur Rechtsvergleichung, Frankfurt/M., Berlin 1968, S. 123 ff.

Ramm, Thilo: Der Wandel der Grundrechte und der freiheitliche soziale Rechtsstaat, JZ 1972, 137 ff.

Rehbinder, Manfred: AGB und die Kontrolle ihres Inhalts, Berlin 1972.

— Das Kaufrecht in den Allgemeinen Geschäftsbedingungen der deutschen Wirtschaft, Berlin 1970; zitiert: M. Rehbinder, Kaufrecht.

Reinhardt, Rudolf: Die Vereinigung subjektiver und objektiver Gestaltungskräfte im Vertrag, in: Festschrift für Schmidt-Rimpler, Karlsruhe 1957, S. 115 ff.

Reuß, Wilhelm: Die Bedeutung des Gemeinwohls für die Tarifhoheit, ZfA 1970, 319 ff.

Reuter, Dieter: Privatrechtliche Schranken der Perpetuierung von Unternehmen, Frankfurt/M. 1973; zitiert: D. Reuter, Schranken.

Ricardo, David: On the Principles of Political Economy, and Taxation, London 1817.

Richardi, Reinhard: Kollektivgewalt und Individualwille bei der Gestaltung des Arbeitsverhältnisses, München 1968; zitiert: Richardi, Kollektivgewalt.

Ritter, Ernst-Hasso: Der Wandel der Wirtschaftspolitik und die wirtschaftsverfassungsrechtliche Bedeutung des Gesetzes gegen Wettbewerbsbeschränkungen, BB 1968, 1393 ff.

Rittner, Fritz: Die Ausschließlichkeitsbindung in dogmatischer und rechtspolitischer Betrachtung, Düsseldorf 1957.

Roscher, Falk: Vertragstheorie mit Herrschaftsfunktion? ZRP 1972, 111 ff.

— Paritätische Mitbestimmung, Gegnerunabhängigkeit und Art. 9 Abs. 3 GG, RdA 1972, 279 ff.

Runge, Uwe: Antinomien des Freiheitsbegriffs im Rechtsbild des Ordoliberalismus, Tübingen 1971; zitiert: Runge, Antinomien.

v. Savigny, Friedrich Carl: System des heutigen römischen Rechts, Bd. I, Berlin 1840; zitiert: Savigny, System.

Say, Jean Baptiste: Catéchisme d'Économie politique, Paris 1815.

Scherer, W.: Die geschichtliche Entwicklung des Prinzips der Vertragsfreiheit, 1948.

Schmidt, Reiner: Sozialisierung der Banken oder Privatisierung der Sparkassen? ZGesKredWes 1968, 763 ff.

Schmidt-Rimpler, Walter: Grundfragen einer Erneuerung des Vertragsrechts, AcP 147, 130 ff.

— Zum Problem der Geschäftsgrundlage, Festschrift für H. C. Nipperdey (1955), München 1955, S. 1 ff.

— Stichwort „Wirtschaftsrecht", in: HdSW Bd. 12, Nachtrag.

Schmidt-Salzer, Joachim: Das Recht der Allgemeinen Geschäfts- und Versicherungsbedingungen, Berlin 1967; zitiert: Schmidt-Salzer I.

— Vertragsfreiheit und Verfassungsrecht, NJW 1970, 5 ff.

— Allgemeine Geschäftsbedingungen, München 1971; zitiert: Schmidt-Salzer II.

— Allgemeine Geschäftsbedingungen, Bilanz und rechtspolitische Folgerungen, Berlin 1973; zitiert: Schmidt-Salzer III.

Schoreit, Armin: Gesetzliche Regelungen für allgemeine Geschäftsbedingungen? ZRP 1970, 175 f.

Schreiber, Rupert: Die rechtliche Beurteilung Allgemeiner Geschäftsbedingungen, NJW 1967, 1441 ff.

Schwerdtner, Peter: Ende der Vertragsfreiheit? — Ideologie und Rationalitätsprinzip —, RuG 1972, 172 ff.

Schwimann, Michael: Die Institution der Geschäftsfähigkeit. Ein Beitrag zu den Grundlagen der rechtsgeschäftlichen Privatautonomie, Wien 1965.

Seiter, Hugo: siehe Zöllner, Wolfgang.

Simitis, Konstantin: Werbung und Vertragsfreiheit, in: „Gerechtigkeit" (s. dort), S. 67 ff.

Simitis, Spiros: Die faktischen Vertragsverhältnisse als Ausdruck der gewandelten sozialen Funktion der Rechtsinstitute des Privatrechts, Frankfurt/M. 1957.

Smend, Rudolf: Verfassung und Verfassungsrecht, München, Leipzig 1928 (2. Aufl. 1968).

Smith, Adam: Inquiry into the Nature and the Causes of the Wealth of Nations, Basil 1776.

Stein, Ekkehart: Lehrbuch des Staatsrechts, 2. Aufl. Tübingen 1971.

Stein, Erwin: Zur Wandlung des Eigentumsbegriffs, in: Festschrift für Gebhard Müller zum 70. Geburtstag, Tübingen 1970, S. 503 ff.

Stern, Klaus: Die Neufassung des Art. 109 GG, NJW 1967, 1831 ff.

— Konjunktursteuerung und kommunale Selbstverwaltung — Spielraum und Grenzen, Gutachten für den 47. DJT, München 1968.

Stoll, Heinrich: Vertragsfreiheit, in: Grundrechte und Grundpflichten der Reichsverfassung, herausgegeben von H. C. Nipperdey, Bd. III, Berlin 1930, S. 175 ff.

Thiele, Willi: Einführung in das Wirtschaftsverfassungsrecht, Göttingen, 1970.

Ulmer, Peter: Der Vertragshändler, München 1969.

Weber, Max: Wirtschaft und Gesellschaft, 5. Aufl. Tübingen 1972.

Weber, Werner: Eigentum und Enteignung, in: Die Grundrechte, Bd. II, Berlin 1954, S. 331 ff.

Weber, Wilhelm: Staudinger Kommentar zum BGB, 11. Aufl. Berlin 1967, Bd. II/1 a, §§ 241, 243 - 248.

— Zum Recht der AGB, NJW 1968, 1 ff.

— Grundfragen zum Recht der Allgemeinen Geschäftsbedingungen (AGB), DB 1970, 2355 ff. und 2417 ff. sowie DB 1971, 137 ff. und 177 ff.

Westermann, Harm Peter: Vertragsfreiheit und Typengesetzlichkeit im Recht der Personengesellschaften, Berlin, Heidelberg, New York 1970; zitiert: Westermann, Typengesetzlichkeit.

Wieacker, Franz: Das Sozialmodell der klassischen Privatrechtsgesetzbücher und die Entwicklung der modernen Gesellschaft, Karlsruhe 1953; zitiert: Wieacker, Sozialmodell.

Wiese, Günter: s. Nipperdey, H. C.

Wiethölter, Rudolf: Zur politischen Funktion des Rechts am eingerichteten und ausgeübten Gewerbebetrieb, KJ 1970, 121 ff.

Wolf, Manfred: Rechtsgeschäftliche Entscheidungsfreiheit und vertraglicher Interessenausgleich, Tübingen 1970; zitiert: Wolf, Entscheidungsfreiheit.

— Anmerkung zum BGH-Urteil vom 16. 9. 1970 in JZ 1971, 377 ff.

Zöllner, Wolfgang: Vertragsfreiheit und Bindung an den Typus im ehelichen Güterrecht, FamRZ 1965, 113 ff.

— Die Rechtsnatur der Tarifnormen nach deutschem Recht, Wien 1966.

— und *Seiter*, Hugo: Paritätische Mitbestimmung und Art. 9 Abs. 3 Grundgesetz, ZfA 1970, 97 ff.

Zuck, Rüdiger: Die globalgesteuerte Marktwirtschaft und das neue Recht der Wirtschaftsverfassung, NJW 1967, 1301 ff.

— Aktuelle Probleme der Wirtschaftspolitik und die tragenden Grundsätze der Wirtschaftsverfassung, BB 1967, 805 ff.

MIX
Papier aus verantwortungsvollen Quellen
Paper from responsible sources
FSC® C105338

Printed by Libri Plureos GmbH
in Hamburg, Germany